U0806805

高校教师教育管理：职业倦怠与激励机制研究实践

焦争昌　仇　菊　司文喆　著

中国纺织出版社有限公司

图书在版编目（CIP）数据

高校教师教育管理 ：职业倦怠与激励机制研究实践 / 焦争昌，仇菊，司文喆著. -- 北京：中国纺织出版社有限公司，2023.8

ISBN 978-7-5229-0874-8

Ⅰ. ①高… Ⅱ. ①焦… ②仇… ③司… Ⅲ. ①高等学校—教学研究 Ⅳ. ①G642.0

中国国家版本馆 CIP 数据核字（2023）第 159032 号

特约编辑：王兴贵　　　　责任编辑：张　宏
责任校对：江思飞　　　　责任印制：储志伟

中国纺织出版社有限公司出版发行
地址：北京市朝阳区百子湾东里 A407 号楼　邮政编码：100124
销售电话：010—67004422　传真：010—87155801
http://www.c-textilep.com
中国纺织出版社天猫旗舰店
官方微博 http://weibo.com/2119887771
三河市宏盛印务有限公司印刷　　各地新华书店经销
2023 年 8 月第 1 版第 1 次印刷
开本：787×1092　1/16　印张：9.75
字数：216 千字　定价：98.00 元

前 言

PREFACE

本书旨在探讨高校教师职业倦怠的原因、表现以及激励机制的现状、问题和挑战，并提出预防职业倦怠和改革激励机制的设计方案。同时，本书还关注高校教师培训管理的现状和信息化应用以及高校教师教育管理的创新方向和实践。

第一章至第四章为前期研究的基础，首先，介绍了研究的背景和意义，同时，就工作形塑，职业认同和职业倦怠的相关理论进行介绍，并回顾了国内外关于高校教师职业倦怠、激励机制和培训管理的研究现状。其次，分析了高校教师职业倦 怠的概念、类型和原因，并探讨了其表现形式。再次，对高校教师激励机制的概念、类型、现状以及存在的问题和挑战进行了深入分析。最后，关注高校教师培训管理的现状、问题，并探讨了培训的意义、目的和需求分析。

第五章和第六章重点关注高校教师职业倦怠的预防设计和激励机制的改革设计。针对高校教师职业倦怠问题，提出了培训设计的原则、流程以及培训内容和方法的设计。同时，对培训效果的评估和反馈进行了探讨。对于高校教师激励机制的改革，本书提出了原则、策略以及具体的内容和方式，并讨论了激励机制改革的实施和评估。

第七章着眼于高校教师培训管理的信息化应用。首先，介绍了信息化应用的概念和特点，其次，探讨了高校教师培训管理的信息化现状和问题。最后，提出了高校教师培训管理的信息化应用策略和实践，为提升教师培训管理水平提供了新思路、新方法。

本书综合运用了定性与定量研究方法，结合案例分析和实证研究，旨在深入理解和解决高校教师职业倦怠与激励机制相关问题。通过对相关理论、实践经验和案例的综合研究，本书力求提供具有可操作性和指导意义的研究成果。

我们衷心希望本书能够为高校教师教育管理者、教育政策制定者以及教育研究者提供有益的借鉴和启示。同时，我们也期待本书能够引发更多学者对高校教师职业倦怠与激励机制的关注，并为高校教师的发展与教育管理的创新贡献智慧和思考。

最后，我们衷心感谢所有为本书研究和撰写做出贡献的人员和机构。没有你们的支持与努力，本书是不可能完成的。希望本书能够对广大读者有所启发，并为高校教师教育管理领域的研究和实践做出积极的贡献。

本书由沈阳科技学院焦争昌、石家庄经济职业学院仇菊和北京大学第三医院司文喆共同撰写。具体撰写分工如下：焦争昌撰写了第一章、第二章和第三章；仇菊撰写了第四章和第七章；司文喆撰写了第五章和第六章。同时感谢湖南科技大学财务处王兴贵老师对本书的审阅和斧正。

著者

2023 年 6 月

目　录
CONTENTS

第一章　导论

第一节　研究背景和意义

一、研究背景

高校教师是高等教育体系中的重要组成部分，承担着培养优秀人才的重要责任。然而，随着社会的发展和教育环境的变化，高校教师面临着日益增加的工作压力和挑战。他们经常面对诸多问题，包括工作负荷过重、教学任务繁重、学生需求多样化、职业发展压力等。这些因素可能导致高校教师产生职业倦怠的现象。

职业倦怠是指个体在长期从事同一职业活动中，由于各种原因产生的对工作的消极情绪和疲劳感，表现为情感疲劳、缺乏工作投入和动力，甚至可能影响教学质量和教师个人发展。职业倦怠不仅给高校教师个体的身心健康带来负面影响，也对教育质量和学校发展产生不利影响。

因此，深入研究高校教师职业倦怠的原因、表现以及对个体和组织的影响，对于教育管理部门、学校和教师个体都具有重要意义。了解高校教师职业倦怠的背景和情况，有助于识别问题、找出原因，并制定相应的对策和支持措施。同时，通过深入研究职业倦怠现象，可以为高校教师个体提供指导和支持，帮助他们有效应对职业压力，提高工作满意度和职业发展。

本书旨在探讨高校教师职业倦怠的背景和情况，深入分析其原因和表现形式，为教育管理部门、学校和教师个体提供科学依据和实践指导，以明确对高校教师工作形塑的认知和职业工作的高质量发展。

二、研究意义

（一）理论意义

本书具有重要的理论意义，通过探究高校教师的职业认同、职业倦怠和工作形塑之间的关系，揭示了高校教师工作形塑的内在机制。这对于教育管理部门和学校来说，有助于更好地理解和预防职业倦怠，为高校教师提供更有针对性的工作支持和管理措施。同时，本书对于教师自身也具有重要价值，可以帮助他们更好地理解和塑造自己的工作，提高工作效率，满足个人的职业需求。此外，本书还丰富和深化了教师心理学和教师教育理论的研究成果，对教师教育和心理健康的发展提供了理论支持。

（二）实践意义

本书对于实践应用具有重要意义。首先，通过了解高校教师的职业认同、职业倦怠和工作形塑现状，可以为改善教师工作现状提供具体依据，包括提高教师的职业认同水平、减少教师流失率、提升高校教师的工作质量等，从而促进教师的专业发展和提高教师素质；其次，研究职业认同、职业倦怠和工作形塑之间的关系，可以帮助理解三者的相互作用，为教师工作提供科学、具体、实践的指导。在组织层面上，帮助教师更好地认识自己的工作，使其行为既符合个人需求又符合学校目标，提高教学质量。在个体层面上，清晰地认识到工作的意义可以有效减少职业倦怠。因此，本研究对于干预和促进高校教师的工作具有实践意义。

本书的理论和实践意义在于为高校教师工作形塑提供理论支持，帮助教师认识自身工作，提高工作效率，并为教师教育管理和教师心理健康的发展提供实践指导。

第二节　国内外研究综述

一、工作形塑的概念

在组织行为研究中，工作形塑是指个体根据自身的需求、能力和偏好，通过身体或认知上的改变来调整和塑造工作任务和工作关系的过程。这个概念最初源于对“量身定制工作”（Idiosyncratic Jobs）的探索，美国学者迈纳（Miner）通过研究政府部门的组织发现，工作并非预先规划好的，而是根据员工个人的特点而建立的。“量身定制工作”意味着工作的设计应基于现有的工作执行者，任务的安排应符合个人感知到的能力和优势技能。

从个体在工作过程中对自身的调整角度来看，尽管已有研究承认工作是根据具体个人的优势技能和能力来设计的，但并未阐明一个人接受量身定制的工作后是否继续对工作进行塑造。同时，一些学者认为，在现有工作的限制条件下，个体仍然能够塑造一个新的工作角色。美国社会学学者康恩（Kahn）和美国社会学学者卡茨（Katz）认为，个体可以通过有意识地训练与自身角色相关的行为、类型和方法来进行角色改变。美国管理心理学家格雷恩（Graen）提出组织角色的发展经历三个阶段：接受角色、发展角色和角色常规化，角色调整通常只出现在工作初始阶段，随着角色的常规化，角色调整阶段也逐渐结束。伦敦商学院组织行为学教授尼科尔森（Nicholson）提出了工作角色转换理论，认为员工调整自己的工作角色涉及个人发展和角色发展两个方面，个体可以通过改变自身的价值观来适应角色需求，积极地调整角色要求，以更好地满足个体的需求和技能。与尼科尔森观点一致，美国学者斯托（Staw）和美国学者贝尔（Bell）也提出个体可以成为个人工作角色的“雕塑家”，而不是被动地适应工作角色。

总之，过去的学者们呼吁研究工作机制中的“黑匣子”，即探究个体如何在组织中塑造自己的工作。美国学者邦顿（Button）和美国学者雷茨涅夫斯基（Wrzesniewski）对医院清洁工的工作进行了深入研究，提出了工作形塑（Job Crafting）的概念："在执行工作时，员工对其工作任务和工作关系进行的身体或认知上的改变。"他们认为，工作描述与实际工作行为之间存在显著差异，个体可以通过多种方式塑造自己工作中的任务。这包括改变任务的顺序、调整工作的时间分配、主动寻求与他人的合作或交流，以及对工作内容和方式进行创新与改进等。个体执行相同工作时，由于其独特的需求、能力和偏好，会在方式上与他人产生差异，从而对所承担的工作赋予自己独特的意义和认知。本研究主要针对高校教师这一群体的情况进行理论与实践的研究，借此为我国高等教育事业的发展添砖加瓦。

二、工作形塑的影响因素

关于工作形塑的影响因素，研究主要聚焦在组织和个体两个层面上。在组织层面，有几个因素被认为对工作形塑产生影响。首先是团体心理安全感，它指团队成员在工作环境中感到安全和被尊重的程度。较高的团体心理安全感有利于个体更自由地调整和塑造工作。其次是任务复杂性，即工作任务的难度和复杂程度。研究发现，任务复杂性与工作形塑呈显著正相关关系，因为复杂的任务要求个体更灵活地调整工作方式。

另外，工作自由度也对工作形塑产生积极影响，即个体在工作中有较高的决策自主性和行动自由度。同时，任务间的相互依赖性也与工作形塑相关，因为任务间的联系与协调需要个体进行适应和调整。

在个体层面，个人工作技能和经验被认为对工作形塑起着重要作用。具备广泛技能和丰富工作经验的个体更有能力自主地塑造工作，他们能够更好地应对各种工作要求和变化。此外，个体的个性特征也与工作形塑行为相关。研究发现，个体的认知能力、自我形象、可感知的控制以及对改变的准备程度都与工作形塑呈正相关关系。其中，认知能力在工作形塑中的关联不显著，而可感知的控制、自我形象和对改变的准备与工作形塑行为之间存在显著正向关系。

需要注意的是，工作形塑的影响因素是复杂且多样的，还可能受到其他因素的调节和干扰。因此，在深入研究工作形塑过程中，需要考虑到组织和个体层面的多种因素相互作用的综合影响。进一步的研究可以探索更具体的影响因素，并加深对工作形塑的理解。

三、工作形塑已有研究的评价

工作形塑的概念已经在以往的研究中得到广泛探讨。工作形塑被视为一种个人水平上的主动行为，是工作的一部分，旨在使工作满足个人的需求，并具有非计划性的特点。研究指出，工作形塑可以改变工作中的人际关系，对工作任务和工作环境进行调整和塑造。

已有研究主要从组织层面和个体层面探讨了工作形塑的影响因素。在组织层面，团体心理安全感、任务复杂性、工作自由度和任务间的相互依赖性被认为对工作形塑产生影响。工作自由度、任务间的相互依赖性和任务复杂性与工作形塑呈显著正相关，而团体心理安全感与工作形塑存在负相关。此外，组织目标、上级的监控和工作目标、具体内容以及塑造工作的机会等也对工作形塑有一定影响。

在个体层面，个人工作技能和经验被认为对工作形塑起着重要作用。个体具备广泛的技能和丰富的工作经验，更有能力自主地塑造工作。此外，个体的个性特征也与工作形塑行为相关，如认知能力、自我形象、可感知的控制和对改变的准备。这些个体特征与工作形塑呈现较高的相关性。

需要注意的是，工作形塑是一种实用且积极的行为，旨在改善现有的工作程序和任务，使之既能有效实现工作目标，又能满足个体的需求。工作形塑行为不一定符合管理者理想中的最佳员工行为范式，但对个体完成工作是有利的。此外，工作形塑的研究领域主要集中在护士、清洁工、厨师和机械工程师等职业领域，对其他职业领域的研究仍需进一步扩大。在高校教师工作中，由于其工作的非常规性和可改变性，工作形塑的概念特别适用。高校教师的工作具有高度的不明确性和需求多样性，需要根据学生需求和教学环境调整工作方式。因此，对高校教师的工作形塑研究具有重要意义。

综上所述，工作形塑的概念已经在研究中得到广泛关注。从组织层面来看，团体心理安全感、任务复杂性、工作自由度和任务间的相互依赖性等因素对工作形塑起着影响。在个体层面上，个人工作技能、经验和个性特征也会对工作形塑产生影响。工作形塑是一种实用且积极的行为，旨在改善现有的工作程序和任务，使其更好地满足个体的需求。然而，工作形塑不一定符合管理者理想中的员工行为范式，因其是根据个体的特点和需求来塑造工作。

在高校教师的工作中，工作形塑的概念特别适用，在研究中，所选取的样本包括沈阳、长春、大连、杭州、西安、北京、上海、南宁等15地区的公办院校和民办院校，未来的研究从教师对职业的认知和情感体验的角度，探讨教师职业认同和职业倦怠对工作形塑的影响。此外，可以扩大研究领域，探索不同职业背景下工作形塑的影响因素和结果。这些研究将有助于进一步理解工作形塑的机制，并为组织和个体提供有关如何优化工作形塑的实践建议。

四、职业认同概念及相关研究

（一）职业认同概念

美国《心理学百科全书》对认同则做了如下解释：“认同是精神分析理论中的一个核心概念，指的是主体同化、吸收其他人或事，以构建自身人格的过程。”《简明心理百科全书》中，“认同即把自己看成是所期望的对象，并表现出与对象类似的态度和行为，又称自居。这是一种将对象内投的心理机制。”在顾明远主编的《教育大词典》中，“认同即自居作用，是把自己亲近的人或尊重的人作为行为榜样进行模仿或内投自身的过程。”认同所指的就是主体与对象的同一、和谐。

教师职业认同由多个因素组成，包括角色价值观、职业价值观、职业行为倾向和职业归属感。角色价值观是指教师个体对教师角色的重要程度的积极认知和评价，表现为教师个体将自己视为教师，并愿意以教师角色来定义自己。职业价值观是指教师个体对教师职业的意义、作用等的积极认知和评价。职业行为倾向是指教师个体表现出完成工作任务、履行职业责任以及提高职业工作效能的行为倾向。职业归属感是指教师个体意识到自己属于教师群体，并常常与其他教师共同体验职业的荣辱。

教师职业认同是一个多维度的结构，包括角色价值观、职业价值观、职业行为倾向和职业归属感。教师职业认同的核心在于个体对职业和角色的价值观。对于教师来说，职业认同是非常重要的，它能够影响教师的工作态度、行为表现和工作满意度，进而对教学质量产生积极作用。

（二）职业认同相关研究

对教师职业认同的相关研究表明，教师职业认同与离职倾向、工作倦怠水平、自我效能感、动机、承诺和工作满意度等因素存在关联。研究结果显示，强烈的职业认同可以减少教师的离职倾向，即使他们面临困难和批评。教师对自身职业的积极认同可以克服对恶劣工作条件的不满，与学校对高质量教育的追求相一致。

一项研究发现，在以色列小学教师中实施的周期性休息年项目对教师职业认同有积极影响。参与该项目的教师表现出更强的职业认同，更少的倦怠感，以及更少的离职和离岗倾向。教师职业认同被发现是周期性休息年项目与减少倦怠和离职倾向之间的中介变量。

另一项以色列研究表明，工作倦怠与职业认同呈负相关。此外，研究还表明，教师职业认同影响教师的自我效能感、动机、承诺和工作满意度等因素，因此，被认为是成为和作为一名优秀教师的关键因素。

尽管已有研究在教师职业认同领域取得了一些进展，但相关研究仍处于初级阶段。目前的研究主要关注于离职倾向、工作倦怠、工作满意度等心理变量，较少涉及教师的工作行为变量。未来的研究可以进一步扩大研究内容，深入探讨教师职业认同与工作行为之间的关系。

五、职业倦怠的相关研究

近年来，国内外对职业倦怠的研究取得了丰富的成果。国外的研究主要集中在教师职业倦怠上，形成了一些相关理论和研究模型。其中，习得性无助理论认为个体在反复受挫后会陷入观望状态，导致职业倦怠的产生。资源保存理论从需求和平衡的角度解释了职业倦怠的机制，认为当个体无法满足特定资源或工作要求时，会出现职业倦怠。

国内的研究主要关注教师职业倦怠的影响因素和特点。学者通过研究教师职业生涯的发展、教师的教龄等角度，探讨了教师职业倦怠的不同维度和心理特征。研究发现，教师职业倦怠受到工作压力、教学效能感、情感支持等因素的影响。同时，性别差异和学历水平也被发现与教师职业倦怠有关。此外，国内的研究还注重将国外研究成果本土化，包括编制符合中国教师特点的职业倦怠量表和深入探讨中国教师的特有表现和原因。

在当下社会，我国公办高校教师这一职业无论社会保障方面，还是从社会地位来看，都是相对稳定的，因此，公办高校教师的职业认同程度较高，但同时工作压力较大。相对来说，有的民办高校教师待遇较低，社会地位等也不及公办院校教师，教师职业认同感相对较低。职业倦怠对高校教师这一群体的工作形塑影响较大，为了研究工作的进一步深入，本研究围绕职业倦怠、激励机制和培训管理几个方面展开。

综上所述，国内外对职业倦怠的研究已取得了一定的进展。通过研究职业倦怠的影响因素、特点和后果，为预防和缓解教师职业倦怠提供了一定的理论基础和实践参考。然而，仍有一些方面需要进一步研究，如更全面地考虑教师工作行为变量、探究职业倦怠的长期影响等，以提高对职业倦怠的理解和干预效果。

第三节 研究方法和框架

在本研究中，采用了综合性的研究方法和框架，以深入探讨高校教师职业倦怠与激励机制之间的关系，并提出相关的预防和改革设计。

一、研究方法

文献综述。通过对国内外相关研究文献的综合分析和整理，了解高校教师职业倦怠和激励机制的研究现状、理论框架和相关概念，为本研究提供理论基础和背景知识。

问卷调查。设计并分发结构化的调查问卷，以获取高校教师职业倦怠、激励机制、培训管理等方面的定量数据。采用适当的抽样方法，选择代表性的高校教师作为研究样本，收集意见、观点和经验。

深度访谈。选择一些高校教师作为研究对象，进行半结构化的深度访谈，探究他们对职业倦怠、激励机制和培训管理等问题的主观感受和具体情况。通过访谈可以获取更加详细和全面的信息，帮助研究者深入理解现象背后的动因和机制。

二、研究框架

本研究的框架主要包括以下几个方面。

高校教师职业倦怠分析。在第二章中，对职业倦怠的概念和类型进行阐述，重点探讨高校教师职业倦怠的原因和表现。通过对相关理论和研究成果的综合分析，揭示高校教师职业倦怠的特点和影响因素。

高校教师激励机制分析。在第三章中，对激励机制的概念和类型进行讨论，重点关注高校教师激励机制的现状、问题和挑战。通过对国内外相关研究的综合分析，提出改善和优化高校教师激励机制的建议和策略。

高校教师培训管理现状分析。在第四章中，对高校教师培训的现状和问题进行分析。探讨高校教师培训的意义和目的，并对当前的高校教师培训管理进行评估和分析。通过对培训管理现状的了解，找出存在的问题，并根据研究结果提出改善和优化高校教师培训管理的建议和措施。

高校教师职业倦怠预防设计。在第五章中，基于前期的研究和分析，提出高校教师职业倦怠的预防设计。根据研究结果和实际需求，制定培训设计的原则和流程，确定培训内容和方法，以帮助高校教师预防职业倦怠，提升工作满意度和效能。

高校教师激励机制改革设计。在第六章中，提出高校教师激励机制的改革设计。根据对现有激励机制的分析和评估，提出改革的原则和策略，并确定改革的内容和方式，旨在激励高校教师积极投入工作，提升工作动力和职业满意度。

高校教师培训管理的信息化应用。在第七章中，探讨高校教师培训管理的信息化应用。分析信息化应用的概念和特点，评估高校教师培训管理的信息化现状和问题，提出信息化应用的策略和实践，以提升培训管理的效率和效果。

通过以上研究方法和框架的综合运用，本研究旨在全面了解高校教师职业倦怠与激励机制的相关问题，并提出有效的预防和改革设计，以提升高校教师的工作动力和职业满意度，促进教育教学的持续发展。

第二章　高校教师职业倦怠分析

第一节　职业倦怠的概念和类型

一、职业倦怠的概念

职业倦怠是指个体在工作环境中长期处于压力和负荷状态下，产生的情感、认知和行为上的负面反应。

（一）职业倦怠的理论模型及定义

职业倦怠是一个复杂的心理现象，涉及多个维度和影响因素。在研究职业倦怠时，学者们提出了一些理论模型和定义，用于解释职业倦怠的形成和发展。

1. 习得性无助理论（Learned Helplessness Theory）

习得性无助理论由美国心理学家塞利格曼（Seligman）于 1975 年提出，他认为个体在经历一系列无法控制的负面事件后，会逐渐产生一种无助感，认为自己对环境无能为力。这种感觉在工作领域中可能导致职业倦怠的产生。个体由于长期经历无法改变的工作环境、工作压力等因素，感到无能为力，进而产生情绪疲劳和对工作的消极态度。

2. 资源保存理论（Conservation of Resources Theory）

资源保存理论由美国心理学家霍布费尔德（Hobfoll）于 1989 年提出，他认为个体在工作中不断投入和消耗资源（如时间、能力、精力等），同时也需要获取和补充资源以保持稳定。当个体无法获得足够的资源或资源不足以满足工作要求时，会感到压力和倦怠。这种资源的消耗和缺乏可能导致职业倦怠的出现。

3. 社会交换理论（Social Exchange Theory）

社会交换理论认为个体与组织之间的工作关系是一种交换关系，个体通过付出努力和提供服务来获得回报和支持。当个体感受到工作环境中的不公平、不支持或回报不足时，可能产生职业倦怠。这种不平衡的社会交换关系会削弱个体的工作动机和投入度，从而导致职业倦怠的发生。

以上是一些常见的理论模型，用于解释职业倦怠的形成和发展。需要注意的是，职业倦怠的定义可以有一定的差异，但通常涵盖了对工作的疲劳、消极情绪、对工作的厌倦和失去工作动力等方面的描述。职业倦怠的具体定义也会根据研究的领域和目的而有所不同。

（二）工作倦怠的静态定义

工作倦怠的静态定义指出了其特征和表现，以下是对美国学者皮恩斯与美国心理学家阿隆森（1988）和美国心理学家布里尔（1984）提出的工作倦怠静态定义进行详细扩写的描述。

身体耗竭的特征。工作倦怠包括身体方面的耗竭表现。个体可能感到精力不足、长期疲劳、虚弱，无法恢复到正常的活力水平。他们可能在身体上感到疲劳和耗竭，表现为持续感到疲劳、缺乏精力和动力去从事工作。此外，他们可能会抱怨身体和心理上的不适，感到无法充分恢复。

情感耗竭的特征。工作倦怠还涉及情感方面的耗竭。个体在长期卷入要求情感付出的工作情境中，可能经历情感耗竭。这意味着个体在工作中投入情感的付出导致他们感到无助和无希望。情感耗竭表现为情感上的疲劳和耗竭，对于工作任务和工作环境中的情感需求感到压力和负担过重。

心理耗竭的特征。工作倦怠还涉及心理方面的耗竭。个体可能对身体、工作和生活形成负性态度。他们可能对工作产生消极的情绪，如无趣、厌倦、失去动力，以及对工作和生活的抱怨和负面看法。这种心理耗竭导致个体对工作失去热情和积极性，难以恢复到原来的工作状态。

工作绩效和情感水平的变化。根据美国心理学家布里尔（1984）的定义，工作倦怠还具有两个特征。首先，工作倦怠在相同的工作情境下，个体曾经表现出良好的工作绩效和较高的情感水平。这意味着个体在工作初期可能高度投入，表现出良好的工作能力和积极情绪。然而，随着时间的推移，他们逐渐出现了工作倦怠的特征。

难以恢复到原来状态。根据美国心理学家布里尔（1984）的定义，工作倦怠还具有另一个特征，即在没有外来帮助或环境改变的情况下，个体难以恢复到原来的状态。一旦个体陷入工作倦怠的状态，他们可能无法自行摆脱或恢复到之前表现出的良好状态，需要外界的支持和干预。

总结起来，工作倦怠的静态定义强调了以下特点：身体耗竭、情感耗竭和心理耗竭的表现，以及工作绩效和情感水平的变化。工作倦怠的个体曾经具有良好的工作能力和积极情绪，但随着时间的推移，他们逐渐经历疲劳和耗竭的状态，难以恢复到原来的工作状态。外界需要认识到这种倦怠状态并提供相应的支持和干预，以保护个体的健康和促进工作环境的改善。

（三）工作倦怠的动态定义

根据动态定义，工作倦怠是一个经历多个阶段和过程的现象。以下是对美国心理学家切尔尼斯（1980）和以色列学者埃齐昂（1987）提出的工作倦怠动态定义的详细扩写描述。

1. 切尔尼斯（1980）的动态定义

美国心理学家切尔尼斯是最早从动态角度来论述工作倦怠的学者之一。他认为工作倦怠是对工作疲劳的一种反应，涉及个体的职业态度和行为以负面形式发生改变的过程。具体包括三个阶段。

第一阶段是应激过程：个体的资源与工作要求之间存在不平衡，产生应激反应。这意味着个体感受到工作压力，要求和负担超出了他们的资源和能力范围。

第二阶段是疲劳过程：个体在应激过程中经历即时的、短期的情绪紧张、疲劳和耗竭。他们可能感到情绪上的不稳定、疲惫和精力不足，这可能影响他们的工作表现和情感状态。

第三阶段是个体的防御性应对：个体采取一系列行为和态度上的改变作为对工作倦怠的应对机制。这包括以疏远和机械的方式对待服务对象、优先考虑自身的需求以及采取玩世不恭的态度对待工作。

2. 埃齐昂（1987）的动态定义

以色列学者埃齐昂强调工作倦怠是一个缓慢发展的过程。他认为工作倦怠起初可能没有明显的警报信号，个体可能并不自觉地经历着工作倦怠的发展。然而，一旦达到某个特殊的临界点，个体会突然感到身心耗竭，而且无法将这种破坏性的体验与任何特定的应激事件联系起来。这种缓慢发展的过程意味着个体可能在相当长的时间内感受到工作倦怠的影响，而且这种影响逐渐加深，包括情感上的劳累和对工作及他人态度的改变。

总体而言，大多数工作倦怠的动态定义认为，工作倦怠最初以应激的形式出现，个体可能在较长时间内感觉到这种应激，也可能没有自觉地感受到。随着时间的推移，个体逐渐感受到情感上的劳累，并开始改变对待工作和他人的态度。这个过程的最终结果就是个体陷入工作倦怠的状态。

二、职业倦怠的类型

教师职业倦怠主要症状有情感耗竭、去个性化和低成就感，其中以情感耗竭为核心。

（一）情感耗竭

情感耗竭是职业倦怠中一种重要的类型，它指个体在长期工作压力下，情绪和情感处于极度疲劳的状态，导致工作热情基本或完全丧失。在教师职业中，情感耗竭是最典型的职业倦怠症状之一。

1. 疲劳感和心理耗竭

情感耗竭的教师常常感到疲劳和心理耗竭。他们对自己的教学工作感到负荷沉重，耗尽了心神。长期面对学生的需求、教学准备的压力以及教学活动的要求，逐渐消耗了他们的精力和资源，导致疲劳感的积累。

2. 性急易怒和容忍度降低

情感耗竭的教师情绪不稳定，常常表现出性急易怒的情绪。由于工作压力和挑战，他们的容忍度降低，很难冷静处理个人情绪上的问题。他们对外界不当的教育指责常常感到难以忍受，容易发脾气和表现出负面情绪。

3. 缺乏热情和活力

情感耗竭的教师在情绪上缺乏热情和活力。他们感到情感上的衰竭和无助，对工作和教育任务失去了原有的热情和动力。这种热情和活力的缺失是情感耗竭最重要、最核心的表现。教师在面对自己的工作时，往往表现出疲惫、冷漠和无精打采的状态，无法展现应有的热情和活力。

4. 冷漠和悲观情绪

随着情感耗竭的加重，教师逐渐对他人和自己的生活产生冷漠和悲观的感觉。他们可能对同事和学生的需求和期望漠不关心，对教育工作的前景和成就感持悲观态度。这种冷漠和悲观情绪进一步削弱了教师的参与度和投入感。

5. 社交退缩和人际关系问题

情感耗竭的教师往往表现出社交退缩和人际关系问题。由于情感上的疲劳和心理负担，他们可能不愿与同事和学生进行积极的互动和交流。他们可能避免参与社交活动，减少与他人的接触，进一步加剧了他们与周围人的疏离感。这种社交退缩可能导致他们与同事和学生之间的关系紧张和冷漠。

6. 自我负面评价和自卑感

情感耗竭的教师往往倾向于对自己进行负面评价，产生自卑感。他们可能将工作中的不成功归因于自己缺乏能力，产生过度的自卑感。这种自我负面评价进一步削弱了他们的自信心和工作动力，使他们对自己的教学能力产生怀疑和不安。

7. 工作投入和参与减少

情感耗竭的教师对工作的投入和参与度逐渐降低。他们可能对教学准备不充分，课堂教学质量下降，创造性和创新性减弱。他们可能变得消极和懒散，只完成最基本的教学任务，缺乏对教学工作的热情和积极性。

8. 职业满意度下降

情感耗竭的教师往往经历职业满意度的下降。他们对教育工作的意义和成就感产生怀疑和质疑，感到不满足和失落。他们可能开始思考自己的职业选择和发展方向，产生离职倾向。

总的来说，情感耗竭是教师职业倦怠中最典型和显著的类型之一。教师在长期的工作压力下，经历情绪和情感的疲劳，表现出疲劳感、易怒性、情感缺乏、冷漠悲观等特点。这种情感耗竭不仅影响了教师个体的工作和生活质量，也对学生和教育环境产生了负面影响。因此，关注和应对情感耗竭对于维护教师健康和提升教育质量来说至关重要。

（二）去个性化

非人性化，也被称为去个性化，是职业倦怠中一种重要的类型。它描述了个体以消极、否定或麻木不仁的态度对待他人的现象。在教育和教学情境中，教师常常表现出非人性化的特点，包括以下方面。

1. 减少接触或拒绝接纳学生

非人性化的教师倾向于减少与学生的接触或者拒绝接纳他们。他们可能对学生保持距离，不主动与他们交流和互动。这种态度使得学生感到被忽视和排斥，影响了他们与教师良好关系和学习氛围的建立。

2. 使用蔑视性称谓和标签化语言

非人性化的教师可能以带有蔑视色彩的称谓来称呼学生或者使用标签式的语言来描述个别学生。这种言语上的贬低和标签化会伤害学生的自尊心和自信心，使他们感到被歧视和不被尊重。

3. 冷漠和厌倦情绪的表现

非人性化的教师对学生表现出冷漠和厌倦的情绪。他们可能缺乏对学生的关心和关注，对学生的问题和需求漠不关心，甚至表现出厌烦和不耐烦的态度。这种冷漠和厌倦的情绪会给学生带来负面的情绪体验，影响他们的学习动力和积极性。

4. 感到无助和束手无策

非人性化的教师常常感到无助和束手无策，面对学生的问题和挑战时无法有效应对。他们可能缺乏解决问题的策略和方法，对学生的行为和学习困难感到无能为力。这种无助感进一步加深了他们的沮丧和不满。

5. 对他人的攻击和挖苦

在极端情况下，非人性化的教师可能表现出攻击性的行为，包括对同事的讽刺和挖苦，对学生的贬低和谩骂。他们可能使用惩罚和体罚的手段，甚至采取变相体罚的方式对待学生。这种攻击性行为严重损害了学生和同事的尊严和权益，破坏了正常的人际关系和工作环境。

总体而言，非人性化是职业倦怠中一种严重的表现形式，对个体、学生和工作环境都带来不良影响。教育工作者应该重视情感耗竭和非人性化的预防和管理，建立积极的教育氛围和人际关系，促进教育工作的可持续发展和个体的健康幸福。

（三）低个人成就感

低个人成就感是职业倦怠中一种重要的类型，它描述了个体评价自我意义和价值的倾向降低。在教育工作中，教师可能由于失去兴趣和热情，逐渐感受到工作的无意义性，认为他们的工作没有什么值得去做的地方，无法给学生或同事的生活带来重大的变化。这种情况下，教师对教育和教学的动力逐渐减弱，心灰意冷。低个人成就感在教师职业倦怠中具有以下特点。

1. 失去工作的意义和价值

教师在职业倦怠中往往感受到工作的无意义性，缺乏对教育工作的认同和价值感。他们可能开始怀疑自己的工作是否有意义，是否能够对学生产生积极的影响。这种质疑和怀疑使得教师对工作的投入和承诺减弱。

2. 自卑感和自我贬损

教师在低个人成就感下可能产生强烈的自卑感。他们往往将工作中的不成功归因于自己的能力不足，将自己的努力归结为缺乏运气或机遇。他们可能倾向于自我贬损，对自己的能力和成就持负面评价，进一步削弱了他们的自信心和自尊心。

3. 缺乏动力和抱负

教师在低个人成就感下缺乏工作的动力和抱负。他们可能变得漠不关心，对工作缺乏积极性和投入度。他们可能不再追求进步和个人发展，对于提升自己的能力和知识的渴望减少。

4. 个人发展停滞

低个人成就感使得教师的个人发展停滞不前。他们可能对自己的职业前景感到悲观，对于学术成就和职业晋升失去兴趣。他们可能不再寻求专业发展的机会和挑战，缺乏对个人成长的动力。

5. 失败主义和消极心态

低个人成就感导致教师采取失败主义和消极心态。他们可能对自己的工作持悲观的态度，认为自己的努力不会取得成功，对未来充满绝望和无望。他们可能将工作中的挫折和困难解读为个人能力的失败，对自己的能力和价值产生怀疑。

6. 学者型的无力感

低个人成就感下的教师可能陷入学者型的无力感。他们感到自己无法对学生产生真正的影响和改变，无法实现自己的教育目标和理想。他们逐渐对教学过程产生冷漠，仅仅按部就班地完成任务，缺乏创新和积极性。

7. 对回报的不满

低个人成就感的教师可能对工作所获得的回报感到不满。他们可能觉得自己的付出与所得不成比例，无法获得金钱、名誉、地位和社会认可等回报。这种不满进一步削弱了他们对工作的投入和满足感。

低个人成就感是教师职业倦怠中的一种重要类型。它表现为教师对工作的意义和价值的怀疑，自卑感和自我贬损，缺乏动力和抱负，个人发展的停滞，失败主义和消极心态，以及对工作回报的不满。这种状态下的教师往往产生学者型的无力感，对教学充满冷漠和漠不关心，影响其工作行为和教学质量。

第二节　高校教师职业倦怠的原因

一、内在心理的原因分析

（一）职业认同感产生高原反应

高校教师职业倦怠的原因可以涉及内在心理的因素，其中职业认同感产生高原反应是一种重要原因。当教师从事工作十几年后，常常会出现职业冷漠感，这是由于长期从事重复性的工作和按部就班的生活方式所导致的。教师们经常提到，他们已经无数次教授相同的课程内容，感觉非常乏味，感到非常无奈。与内心追求富有激情的生活和客观现实情况之间的差距，往往会引发教师的矛盾心理，产生对职业的反抗情绪，进而导致拒绝感和平淡感的消极心理。

长期重复性工作的冲击。教师们在长期从事相同课程内容的教学工作后，可能会感到工作的单调和重复性，这种重复性工作对于他们的动力和激情产生了冲击。无论是每年面对新一届的学生，还是不断重复讲授相同的知识点，这些重复性任务可能会使教师逐渐失去对工作的热情和兴趣。

自我发展的瓶颈。教师职业中存在着一定的职业发展瓶颈，尤其是在大学教师的职业道路上。一旦教师达到一定的职称或岗位，进一步的晋升机会可能变得有限。缺乏职业晋升的机会和挑战性的工作任务，使得教师的工作变得平淡无味，缺乏追求和成长的动力。

冲突的职业期望。教师常常怀有高尚的职业期望，希望能够对学生产生积极的影响并取得显著的成就。然而，现实工作中的种种限制和挑战可能与这些期望形成冲突，使教师感到沮丧和失望。对于那些渴望在学生中产生重大变化和影响的教师来说，感受到自己无法实现这些目标会引发职业认同的冲突，产生高原反应。

缺乏工作支持和认可。教师在工作中需要得到适当的支持和认可，以维持工作的积极性和满意度。然而，如果教师感到缺乏工作支持和认可，他们可能会感到孤立和无助，进而产生职业倦怠。缺乏来自学校管理层、同事和学生的支持和认可，可能使教师感到自己的工作价值受到质疑，产生对工作的不满和失望。

工作压力和心理负担。高校教师常常面临着巨大的工作压力和心理负担。他们需要履行教学任务、科研要求和行政工作，同时，还要面对学生的需求和期望。这种高度的工作压力可能导致教师感到身心疲惫，无法有效地应对工作挑战，进而影响他们的工作积极性和投入度。

个人成长和发展的限制。教师在职业发展中可能遭遇个人成长和发展的限制。缺乏培训机会、专业发展的空间和资源，使教师感到自己的职业发展受到阻碍，无法实现个人潜力的充分发挥。这种限制感可能使教师产生挫折和不满，进而影响他们对工作的投入和动力。

工作与生活平衡的挑战。教师常常面临工作与个人生活之间的平衡问题。长时间的工作、加班和应对学生需求可能使教师的个人生活受到影响，导致他们感到无法平衡工作和生活的需求。这种不平衡可能导致教师的心理压力增加，产生职业倦怠的倾向。

高校教师职业倦怠的原因涉及多个方面，包括长期重复性工作的冲击、自我发展的瓶颈、冲突的职业期望、缺乏工作支持和认可、工作压力和心理负担以及工作与生活平衡的挑战。了解这些原因有助于采取相应的措施来预防和应对职业倦怠问题，促进教师的工作满意度和职业发展。

（二）不良性格导致职业倦怠的发生

高校教师职业倦怠的原因涉及内在心理的因素，其中不良性格特征是导致职业倦怠发生的一个重要原因。尽管每位教师都会面临责任感、使命感、自信与自卑感以及压力与困惑等心理感受，但这些心理感受在不同个体之间存在差异。那些整天忙于工作、无暇充实自己的生活，以及性格内向、不愿与人交流、内心焦虑和孤独等无法排解的教师，往往更容易成为职业倦怠的高危人群。

过度工作和生活不平衡，一些教师往往将工作放在首位，过度投入工作，而忽视了个人生活的充实和平衡。他们可能经常加班加点，牺牲自己的休息和娱乐时间，导致身心疲惫和倦怠。这种不良的工作和生活平衡可能使教师感到无法从工作中解脱，产生职业倦怠的倾向。

性格特征的影响。教师的个体差异在一定程度上受到其性格特征的影响。一些教师可能具有内向的性格特征，不善于与他人建立联系和交流。他们可能更倾向于独立工作，不愿意寻求支持和互动。这种内向性格可能使他们面对工作中的困难和挑战时感到更加孤立和无助，进而增加职业倦怠的风险。

自信与自卑感。教师的自信和自卑感对其职业倦怠的发生起着重要作用。那些缺乏自信心的教师往往对自己的能力和表现持负面评价，怀疑自己是否能够胜任教学任务。这种自卑感可能导致他们感到压力重重，产生职业倦怠的情绪。相反，自信心较强的教师可能更能应对工作挑战和压力，减少职业倦怠的风险。

焦虑与孤独感。一些教师可能面临焦虑和孤独的情绪。他们可能感到对工作的要求和期望感到焦虑，担心自己无法胜任或达到期望水平，这种焦虑感增加了他们的工作压力和负担。同时，他们可能在工作中感到孤独，缺乏与同事和学生的真实连接和支持系统。这种焦虑和孤独感使得他们更容易感到疲惫和倦怠，对工作失去兴趣。

消极情绪与心理压力。一些教师可能倾向于消极的情绪体验，如焦虑、沮丧、压力和挫折感。他们可能对工作中的挑战和困难感到无助和困惑，难以应对和解决。这种消极情绪的积累会使他们对工作失去热情和动力，产生职业倦怠的倾向。

缺乏自我调节和应对能力。一些教师可能缺乏有效的自我调节和应对能力，无法有效地管理自己的情绪和应对工作压力。他们可能倾向于负面的思维模式和应对策略，无法从困境中解脱出来。这种缺乏自我调节和应对能力使他们更容易陷入职业倦怠的状态。

不良工作环境和人际关系。不良的工作环境和人际关系也会对教师的职业倦怠产生影响。例如，存在着缺乏支持和合作的工作氛围、不良的管理和领导方式，以及与同事之间的冲突和不和谐关系。这些因素会增加教师的压力和负担，降低工作满意度，促使职业倦怠的发生。

总体而言，不良性格特征如过度工作、生活不平衡、内向、缺乏自信、焦虑和孤独感，以及缺乏自我调节能力和不良工作环境，都可能使高校教师更容易陷入职业倦怠的状态。了解这些内在心理因素对职业倦怠的影响，有助于教师们更好地应对和预防职业倦怠，保持工作的动力和热情。

（三）角色冲突和角色模糊

心理学家认为，承担对他人高度负责的角色会面临内在冲突和不安全感。在教师职业中，角色冲突尤为显著，因为随着学校功能的日益复杂化和多样化，教师所需扮演的角色也变得越来越多样化和复杂化。教师不仅要树立教师权威，还要成为学生的朋友，这使得教师在扮演多种角色的过程中经历了各种冲突，从而不可避免地感到心力交瘁。

角色冲突的来源。教师在高校环境中扮演多个角色，如教育者、指导者、评估者、顾问等。这些角色往往要求教师具备不同的特质和行为，有时候这些特质和行为之间存在矛盾。例如，教师需要在教学过程中既保持专业权威，又与学生建立亲近关系。这种角色之间的矛盾要求教师在不同场合中灵活转换自己的行为，这可能导致内心的冲突和焦虑。

角色模糊的影响。教师在面对复杂的教学任务和多样的学生需求时，可能感到角色的模糊和不确定。他们可能不清楚自己在不同角色中的定位和职责，无法准确地理解自己应该扮演的角色，并因此感到困惑和焦虑。角色模糊使得教师难以在工作中找到明确的方向和目标，可能导致工作的不确定性和不满意。

冲突的心理压力。角色冲突和角色模糊给教师带来了心理压力。教师可能感到无法同时满足不同角色的要求，从而产生自我质疑和焦虑感。他们可能面临着与学生、家长、同事之间的期望冲突，要在各种角色期望之间进行权衡和调整。这种心理压力和冲突感会导致教师的情绪不稳定，增加工作的负担和压力，甚至导致心理健康问题的出现。

情感疲劳和身份认同的冲突。教师在扮演不同角色的过程中，可能经历情感疲劳和身份认同的冲突。他们需要在专业角色和人际关系中保持平衡，同时，满足学生的需求和要求。然而，这种情感投入和角色扮演可能消耗教师的情感资源，导致情感疲劳和身份认同的困惑。教师可能感到无法真实地表达自己的情感和需求，因为他们被期望以专业的身份出现。

不断变化的角色期望和要求。教师在职业发展和学校变革的过程中，可能面临不断变化的角色期望和要求。学校制定的新政策、教学方法的改变以及学生群体的变化，都可能对教师的角色产生影响。教师需要不断适应和调整自己的行为和角色扮演，这可能带来额外的压力和挑战。角色要求的不断变化可能使教师感到困惑和无所适从，产生角色冲突和角色模糊的感觉。

缺乏支持和资源。当教师面临角色冲突和角色模糊时，他们需要获得支持和资源来应对这些挑战。然而，如果学校组织缺乏明确的支持体系和资源分配，教师可能感到无法得到必要的支持和帮助。缺乏支持和资源可能使教师更难应对角色冲突，增加其职业倦怠的风险。

角色冲突和角色模糊是导致高校教师职业倦怠的重要内在心理原因。教师需要在复杂的职业环境中不断调整自己的角色，同时，寻求支持和资源来应对角色冲突和压力。学校组织应重视教师的角色需求，提供支持和资源，帮助教师建立清晰的角色定位和身份认同，以促进教师的工作满意度和心理健康。

二、外在的社会原因分析

（一）经济与社会地位

教师的经济地位既是其社会地位的基础，也是其工作动力和职业满意度的重要影响因素。然而，微薄的薪金往往使教师的经济地位难以真正提升，导致教师对自身的职业价值和社会地位产生失望。

薪酬不足导致职业价值低下。教师的薪酬水平往往与其职业价值和社会地位息息相关。然而，许多高校教师面临着薪酬水平较低的现实，无法得到与其职业付出和责任相符的报酬。这种薪酬不足使得教师感到他们的职业价值受到低估，他们的经济地位无法得到真正的提升。长期以来，教师的工资增长相对缓慢，与其他行业相比存在明显的差距，这使得一部分教师对自身的经济状况感到不满和失望，进而影响他们对教育工作的投入和积极性。

职业吸引力下降。由于教师薪酬相对较低，教师职业的吸引力逐渐下降。年轻人往往会考虑薪酬水平和职业前景，如果他们认为教师职业无法提供满足其经济需求和发展前景的机会，他们可能会选择其他行业或职业。这导致了教师队伍的流动性和不稳定性，同时，也增加了教师招聘和留任的挑战。缺乏优秀的人才加入教师队伍可能会影响教育质量和教学水平，进而影响学生的学习成果。

转行和职业流失。对于一些教师来说，薪酬水平不仅影响他们的职业满意度，还可能导致他们选择离开教师岗位，寻找更具吸引力的职业机会。这种转行和职业流失现象对教师队伍的稳定性和持续性构成了挑战。一些教师可能转向其他行业，寻找薪酬更高、发展空间更广的工作机会。这些离职和流失对教育系统的稳定性和可持续发展产生了负面影响，同时，也损失了教师的专业知识和经验。

社会地位的不确定性。教师的社会地位在一定程度上受到社会的认可和尊重的影响。然而，由于教师薪酬的相对低下和职业吸引力的下降，教师的社会地位可能受到质疑和不确定性。一些教师可能感到他们在社会中的地位没有得到充分的认可和尊重，这可能引发其对自身价值和职业选择的怀疑和动摇。这种社会地位的不确定性对教师的职业满意度和工作动力产生了负面影响，进而影响他们对教育工作的投入和热情。

工作压力和经济困境的叠加。教师面临的经济困境和工作压力常常相互叠加，进一步加剧了职业倦怠的风险。薪酬水平的不足使教师可能面临经济困境，如无法满足日常生活的支出和支付高额的房屋贷款。与此同时，教师还承受着来自工作本身的压力，如教学任务的繁重、学生的需求和期望、评估压力等。这种工作压力和经济困境的叠加可能导致教师感到身心俱疲，增加职业倦怠的风险。

政策和社会支持的不足。政策和社会对教育的支持程度也会影响教师的经济和社会地位。一些地区或国家可能没有足够的政策和措施来提高教师的薪酬水平和社会地位。缺乏对教师的合理薪酬和职业发展机会的支持，以及对教师职业的社会认可和尊重的不足，可能使教师感到被忽视和不公平对待。这种政策和社会支持的不足加剧了教师对自身职业价值的怀疑和失望，降低了他们对教育工作的投入和承诺。

职业倦怠对教师队伍和教育系统的影响是显而易见的。高校教师是培养未来社会精英的重要力量，他们的工作质量和热情直接关系到教育质量的提升和学生的发展。然而，由于经济与社会地位的不足，教师职业正面临着诸多挑战。为了解决这个问题，需要综合考虑政策、社会支持和教师待遇等方面的改革措施。这可能包括提高教师的薪酬水平、改善职业发展机会、加强对教师的社会认可和尊重以及加强教育体制的支持和改革。通过这些努力，可以提升教师的社会地位和职业满意度，激发教师的工作动力和热情，进而促进教育事业的可持续发展。

（二）内心认识与现实认识

每位教师在实施新课标的过程中都会面临许多新问题、新矛盾和新压力。如果教师不能正确认识这些变化，并积极适应，就很容易产生抵触情绪，进而导致对职业的反叛和职业倦怠。

职业认同的冲突。随着教育理念的不断更新和课程改革的推进，教师可能面临职业认同的冲突。过去所形成的教育理念和教学方式可能不再适应当前的教育环境和学生需求。教师可能面临着改变教学方法、采用新的教育理念和教育科技等方面的压力。这种内心的认知冲突会使教师感到困惑和不安，产生对职业的反叛情绪。

新问题和新矛盾的挑战。教师在实施新课标和新教育政策的过程中，常常会遇到许多新的问题和矛盾。例如，教师需要掌握新的教学内容、新的教学方法和评估方式，应对学生多样化的需求等。这些新问题和矛盾给教师增加了工作负担和压力。如果教师缺乏应对这些挑战的能力和资源，就会感到无所适从，产生职业倦怠的倾向。

压力的增加与困难适应。随着教育改革的推进，教师面临的工作压力也在增加。他们需要不断学习新知识、更新教学方法，承担更多的教学任务和责任。与此同时，教师还需要应对学生、家长和学校等多方面的期望和要求。如果教师无法有效应对这些压力，并且缺乏适应新情况的能力，就会感到不安和困惑，产生职业倦怠的情绪。

知识更新和专业发展的需要。教师需要不断推进知识更新和专业发展，以适应教育领域的变化和需求。然而，对于一些教师来说，面对繁重的教学任务和其他职责，时间和资源上的限制可能使他们难以进行必要的学习和发展。这导致教师的知识储备和专业技能滞后于时代的需求，产生对自身能力的怀疑和不满，进而影响他们的工作动力和职业满意度。

承受变革的压力。教师在面对教育领域的变革时常常面临巨大的压力。教育政策的变化、教学方法的创新、教育科技的应用等方面的变革都会对教师带来新的要求和挑战。教师需要快速适应这些变化，调整自己的教学策略和方式，以满足学生的需求。然而，对于一些教师来说，这些变革可能带来不确定性和焦虑感，他们可能担心自己无法应对这些变化，导致产生职业倦怠。

自我成长和职业发展的限制。教师的职业发展往往受到制度和资源的限制。教师可能面临着升职渠道狭窄、晋升机会有限以及培训和专业发展资源的不足等问题。这使得教师的职业发展受到阻碍，无法实现个人的成长和进步。缺乏发展空间和机会可能导致教师对职业的失望和不满，产生职业倦怠的情绪。

内心的观念转变。教师在教育改革过程中需要进行观念的转变，接受新的教育理念和方法。然而，这种观念的转变可能需要一定的时间和努力。一些教师可能抵触改变，坚持传统的教学方式和观念，对新的教育理念抱有怀疑和不信任的态度。这种内心观念的固守和不变可能导致教师与现实需求相脱节，产生职业倦怠的情绪。

因此，教师需要正确认识和积极适应职业中的内心认识和现实认识之间的差异。他们应该持开放的态度对待教育领域的变化和挑战。

（三）不完善的评价体系造成教师内心的矛盾冲突

在现实生活中，存在着素质教育的评价体系与考试实际权重间的矛盾差异，教育本质属性的规定性与广大家长的客观评价标准之间的矛盾差异，学校管理者对教师的评价与教育本身的价值标准之间的矛盾差异，这些矛盾大多又是不可调和的，这势必会极大地扼杀教师的主观能动性和积极的创造性，使教师丧失自我价值，教师的合理个性得不到应有的尊重，自然而然会产生对所从事职业的倦怠。

素质教育与考试导向的评价体系冲突。教育界一直强调素质教育的重要性，强调培养学生的综合素质和创新能力。然而，在实际评价体系中，考试成绩往往被赋予过高的权重，成为评价学生和教师的主要标准。这种素质教育与考试导向的评价体系之间的冲突使得教师面临教育目标和实际评价标准之间的矛盾，对职业产生怀疑和困惑。

教育本质属性与家长客观评价标准的冲突。教育的本质属性是培养学生全面发展和个性成长，但现实中，家长往往以学生成绩和升学率等客观标准评价教师和学校的教育质量。这种教育本质属性与家长评价标准之间的冲突使得教师面临着家长期望和教育使命之间的矛盾，感到来自家长的压力和责任，对职业产生疑惑和挣扎。

学校管理者评价与教育本身的价值标准的冲突。学校管理者在评价教师时常常注重教学效果和学校声誉等方面的表现。然而，教育的本质是培养学生的全面发展和个性成长，这需要教师注重学生的个体差异和对其进行情感关怀。学校管理者对教师的评价可能更偏向于结果导向和量化指标，而忽视教师的个性特点和教育的多元价值。这种评价体系的不完善导致了教师内心的冲突和不满，他们感受到来自学校管理者的压力和期望，但同时也感到自己的个性和创造力被忽视。这种冲突和矛盾进一步加剧了教师的职业倦怠。

评价体系的影响力和权重。评价体系在教育领域中具有重要的影响力和权重。评价结果可能影响教师的聘用与晋升、薪资待遇以及职业发展等方面。然而，不完善的评价体系可能无法全面准确地评估教师的综合素质和教育贡献。过于强调表面的成绩和指标，忽视了教师的教育理念、教育创新和个人贡献，限制了教师发展的空间和动力，引发职业倦怠的情绪。

缺乏个性化评价和认可。不完善的评价体系往往无法准确评估教师的个性特点和教育风格。教师具有不同的教育理念、教学方法和个人特长，但评价体系往往倾向于以统一的标准衡量教师的绩效。这导致了教师个性和特点被忽视，无法得到应有的认可和尊重。教师可能感到他们的努力和创造力无法得到有效的反馈和肯定，进而产生职业倦怠的情绪。

评价标准与教育目标的脱节。不完善的评价体系可能使评价标准与教育的真正目标脱节。教育的目标是培养学生的全面发展和个性成长，但评价体系往往更注重表面的成绩和指标，忽视学生的综合素质和个体差异。这使得教师在追求教育目标和满足评价标准之间产生矛盾和困惑，难以找到平衡和共识，从而导致职业倦怠的情绪产生。

（四）教育环境的暗示作用

传统观念的影响。教师职业在传统观念中往往被视为牺牲和奉献的象征。例如，蜡烛精神和春蚕精神等观念强调了教师应该无私奉献、倾尽全力为学生服务的理念。然而，这种观念的存在可能给教师带来消极的暗示作用。教师可能感到自己必须不断牺牲个人时间、精力和兴趣来满足学生的需求，导致他们感到身心疲惫和无法实现个人目标，产生职业倦怠的情绪。

考试压力的影响。教育环境中普遍存在着考试的重压，尤其是在以考试成绩为导向的教育体系中。教师需要面对学生的考试成绩、升学率等指标的压力，同时，还需要应对家长和学校对成绩的期望和评价。这种考试压力对教师的职业造成了消极的暗示作用。教师可能感到自己的教育工作被评价和衡量的主要标准是学生的考试成绩，而其他方面的教育质量和个人付出被忽视，导致他们产生无奈感和职业倦怠的情绪。

绩效评估的影响。教育环境中常常存在着以绩效评估为导向的管理体系。教师的绩效评估往往以客观指标和量化数据为依据，忽视了教师的个人特点、教育创新和贡献等方面。这种绩效评估的方式可能给教师带来消极的心理暗示，使他们感到个人价值受到忽视和低估，产生对职业的无奈感和职业倦怠的情绪。

教育资源和支持的不足。教育环境中的资源和支持对教师的职业发展和工作满意度具有重要影响。然而，一些教师面临着教育资源和支持不足的情况。教育资源的不足可能包括教学设备、教材和教辅资料等方面的缺乏，这使得教师难以有效开展教学工作。此外，教师在面对教育挑战时可能缺乏支持和指导，导致他们感到无力和无助，产生职业倦怠的情绪。

职业发展和晋升机会的限制。教育环境中的职业发展和晋升机会对教师的工作动力和职业满意度具有重要影响。然而，一些教师面临着职业发展和晋升机会的限制。晋升渠道狭窄、升职机会有限以及缺乏专业发展和培训资源等问题使得教师的职业发展受到阻碍。缺乏职业发展的机会和晋升的希望可能导致教师感到工作的无望和职业倦怠。

教育改革和政策变革的不稳定性。教育环境中的教育改革和政策变革常常带来不稳定性和不确定性。教育政策的变化、课程改革的推进以及学校管理方式的变革都可能对教师产生影响。这种不稳定性和不确定性使得教师难以适应变化和调整自己的教学方法和方式。教育改革和政策变革带来的不稳定性可能使教师感到无法把握职业方向和发展趋势，产生对职业的无助和困惑，进而导致职业倦怠的产生。

教育环境中的暗示作用对高校教师职业倦怠产生了重要影响。传统观念的存在、考试压力、绩效评估方式、教育资源和支持的不足以及职业发展机会的限制和教育改革的不稳定性等因素都可能使教师感到无奈和倦怠。

第三节　高校教师职业倦怠的表现

一、生理和心理症状

从人的主观心理体验上看，教师职业倦怠主要表现如下。

（一）抑郁

高校教师职业倦怠常常表现为生理和心理症状，其中抑郁是一种常见的心理症状。教师在长期承受工作压力和职业挑战的情况下，可能会出现情绪的失控、精神不振以及对外界事物失去兴趣的抑郁症状。

情绪的失控。抑郁症状常常表现为教师情绪的失控。教师可能感到情绪低落、无助和沮丧，难以体验到正常的快乐和愉悦。他们可能感到内心空虚和无力，失去对工作和生活的热情。这种情绪的失控使教师难以有效应对工作和教育挑战，进一步加重了职业倦怠的情绪。

长期的精神不振或疲乏。抑郁症状还表现为教师的精神不振或疲乏感。他们可能感到持续的疲劳和倦怠，无论是在工作中还是在日常生活中。这种精神不振和疲乏感可能使教师感到无法集中注意力、思维迟缓和决策困难。他们可能经常感到疲倦不堪，即使在休息和睡眠之后仍感到疲劳不解。这种长期的精神不振和疲乏感削弱了教师的工作能力和动力，进一步加重了职业倦怠的情绪。

对外界事物失去兴趣。抑郁症状还表现为教师对外界事物失去兴趣。他们可能对工作中的教学任务和学生的需求感到漠然和冷漠。以往引起兴趣和愉悦的活动、爱好或社交关系可能变得无趣和无意义。教师可能对教育工作产生厌倦和反感，对学生的表现和进步失去关注。这种对外界事物失去兴趣的状态使教师感到与工作和环境脱节，增加了职业倦怠的情绪。

自我负面评价和自责。抑郁症状常常伴随教师职业倦怠，教师可能对自己进行自我负面评价和自责。他们可能认为自己不够好、不够有效率，甚至怀疑自己的能力和价值。教师可能对自己的教学方法、学生成绩和班级管理等方面产生负面情绪，认为自己是失败得或不够成功的教师。这种自我负面评价和自责进一步降低了教师的自信心和积极性，增加了抑郁症状的程度。

社交退缩和孤独感。抑郁症状还可能导致教师在社交方面的退缩和孤独感。教师可能感到与他人的联系和交流受到阻碍，难以与同事和学生建立亲密的关系。他们可能感到被孤立和不被支持，加剧了他们的孤独感和情绪困扰。这种社交退缩和孤独感进一步加重了抑郁症状，使教师更加孤立和沮丧。

注意力和记忆力减退。抑郁症状还可能影响教师的注意力和记忆力。教师可能难以集中注意力，在工作中感到分散和困惑。他们可能出现记忆力减退的情况，难以记住重要的信息和细节。这种注意力和记忆力的减退影响了教师的工作效率和教学质量，增加了工作的负担和挑战。

睡眠问题和食欲改变。抑郁症状还可能导致教师出现睡眠问题和食欲改变。教师可能经历失眠或早醒等睡眠问题。他们可能出现食欲大幅度增加或减少的情况，进食习惯发生变化。这种睡眠问题和食欲改变进一步削弱了教师的身体健康和生活质量，加重了抑郁症状的程度。

教师可能经历情绪的衰竭、精神不振、对外界事物失去兴趣，伴随着自我负面评价和自责、社交退缩和孤独感，注意力和教师职业倦怠，教师可能对自己进行自我负面评价和自责。他们可能认为自己不够好，甚至怀疑自己的能力和价值。教师可能对自己的教学方法、学生成绩和班级管理等方面产生负面情绪，认为自己是失败得或不够成功的教师。这种自我负面评价和自责进一步削弱了教师的自信心和积极性，增加了抑郁症状的程度。

（二）焦虑

焦虑是一种常见的心理反应，教师在面对工作压力和职业挑战时可能出现持续的忧虑和高度的警觉、弥散性的非特异性焦虑以及预期焦虑的表现。

持续的忧虑和高度的警觉。教师可能出现持续的忧虑和高度的警觉。他们可能过分担心自己的人身安全问题，如在校园环境中感到不安全，担心遭遇暴力事件或威胁。教师的思维往往被这种忧虑所占据，他们可能频繁地检查安全措施，对学校的安全措施产生怀疑，并时刻保持警觉。这种持续的忧虑和高度的警觉使教师难以放松和专注工作，增加了工作压力和心理负担。

弥散性的、非特异性的焦虑。教师还可能出现弥散性的、非特异性的焦虑。他们可能感到一种说不出具体原因的不安感，无法找到明确的焦虑来源。这种焦虑常常是漂浮的、泛滥的，缺乏明确的焦点。教师可能整天心神不宁，处于一种紧张和不安的状态，难以平静下来。他们可能经常感到紧张、不安、烦躁，但又无法找到具体的原因。这种弥散性的焦虑使教师难以专注于工作，影响了他们的思考和决策能力。

预期焦虑。教师还可能表现出预期焦虑的特征。他们并不怎么关心当前正在发生的事情，而是过分担心将来可能会发生的事情。教师可能对未来的教学任务、学生的表现、工作压力等产生过度的担忧，害怕无法应对未知的挑战。这种预期焦虑使教师无法享受当下，心思不集中，影响了教学质量和工作效率。他们可能经常陷入对未来的担忧，反复幻想可能出现的负面情境，并对此产生过度的紧张和恐惧。这种预期焦虑使教师不断处于紧张的状态中，无法真正放松和享受工作及生活。

（三）抑郁和焦虑之间变动

高校教师职业倦怠常常表现为生理和心理症状，其中抑郁和焦虑是两种常见的心理状态。这些心理行为问题在教师中通常会交替出现，随着情绪的变化而变动。此外，这些心理问题也常伴随一些身体上的症状。

教师在抑郁和焦虑之间的变动可能出现以下情况。

当一种心理状态变得不能忍受时，另一种心理状态可能占据了主导地位。例如，当教师在工作中经历了长期的精神不振和失去兴趣的抑郁症状，可能会感到压力无法承受，随之而来的是焦虑的情绪占据了主导地位。焦虑可能使教师更加担心未来的挑战和不确定性，加重他们对工作的忧虑和紧张感。

这些心理行为问题通常伴随一些身体上的症状。教师可能经历失眠、食欲不振、咽喉肿痛、腰部酸痛、恶心、心动过速、呼吸困难、头疼、晕眩等身体症状。这些身体上的不适可能是抑郁和焦虑的结果，进一步加重了教师的心理负担和身体不适感。

如果教师不及时疏导或宣泄自己的不良情绪，或情绪归因不当，这些心理行为问题很可能会产生更深层次的心理行为问题。例如，教师可能开始失去自信和控制感，成就动机和自我效能感降低，从而产生内疚感并开始自责。有些教师则将自己的不良情绪及教学上的失败归于学生、家长或领导，变得易激怒、好发脾气，对外界持敌视和抱怨的态度。在这种情况下，教师可能出现交替的抑郁和焦虑症状，时而感到愧疚，时而感到愤怒。

教师在抑郁和焦虑之间的变动是复杂的，受到多种因素的影响，其中包括工作压力、教学要求、个人期望、人际关系等。当教师长期承受工作压力和职业挑战时，他们可能感到身心疲惫、情绪低落和失去动力，表现出抑郁的症状。然而，当他们意识到自身处于一种低迷状态时，焦虑的情绪可能开始占据主导地位。焦虑使教师更加担心自己的表现、未来的挑战和教学结果，进一步加重了他们的压力和不安感。

教师在抑郁和焦虑之间的变动也可能与情绪的波动和应对机制有关。他们可能试图应对工作压力和情绪困扰，但如果没有有效的疏导和宣泄方式，或者情绪归因不当，这些心理行为问题很可能会加深。教师可能开始对自己失去自信和控制感，认为自己是失败的教师，产生内疚感和自责。他们也可能将自己的不良情绪和教学上的失败归咎学生、家长或领导，表现出易怒和抱怨的态度。这种情绪和心理的变化可能交替出现，使教师的情绪和行为处于不稳定的状态。

二、人际关系问题

（一）教师职业倦怠对人际关系的影响

教师职业倦怠不仅仅局限于个人的主观体验，还会渗透到教师的人际关系网络中，对与家人、朋友和学生的关系产生负面影响。在面对沉重的心理压力和情绪失调时，个体常常会产生认知偏差，对他人的意图做出消极的判断，并相应地做出消极的反应。这种现象导致教师在经历不良情绪后，通常需要经过一段时间的心理调节才能与家人、朋友正常交流和互动。而对于教师这一特殊群体而言，由于其工作特点和角色的多重性，使其比其他人更容易在工作中产生焦虑、愤怒、抑郁等不良情绪。此外，教师几乎没有时间和精力进行各种形式的心理调节，这也增加了他们在人际关系中适应不良的可能性。

（二）适应不良的人际关系行为

教师在人际关系中可能表现出适应不良的行为。其中一种表现是在与他人交流时过度沉溺于倾诉自己的不满，缺乏耐心倾听他人的劝告或建议，拒绝从另一个角度看待问题。教师可能陷入一种自我中心的状态，只关注自己的情绪和困扰，而忽视了他人的感受和观点。这种行为可能导致与他人的交流受阻，使得教师无法有效地与他人进行良好的沟通。

另一种适应不良的行为是表现出攻击性。在情绪失控的时刻，教师可能无法以理智、无伤害且对后果负责的方式表达自己的情感或对他人做出回应。例如，教师可能会冲家人发脾气，甚至出言伤人。这种攻击性行为常常源于内心的痛苦和压力，却会给家庭关系和其他人际关系带来进一步的破裂和冲突。

还有一类适应不良的行为是内向和退缩。教师可能避免与他人接触，选择孤独和隔离自己，对家庭事务缺乏热情和参与度。他们可能感到社交活动的负担过重，无法有效地与他人交流和互动，对参与家庭事务的热情减少。教师可能在家庭中缺乏积极地参与，对家人的需求和关注较少，导致家庭成员感到缺乏支持和关爱。

此外，教师还可能在人际关系中表现出回避和逃避的行为。面对职业倦怠的压力和挑战，他们可能选择逃避与他人的接触，避免社交场合，以减少压力和负面情绪的触发。这种逃避行为可能导致教师与家人、朋友和同事之间的疏离和隔阂，无法建立稳定的亲密关系和支持系统。

教师在人际关系中还可能出现情绪的不稳定和情绪爆发的行为。由于长期面对职业倦怠的压力和挑战，教师可能在情绪管理上遇到困难，情绪波动较大。他们可能表现出情绪不稳定，容易发脾气、大声争吵或情绪爆发，对家人、朋友和学生产生消极影响。这种情绪的不稳定性可能导致教师与他人的关系紧张和破裂，加剧了人际冲突。

总结起来，教师职业倦怠对人际关系产生广泛而深远的影响。教师可能在人际交往中表现出适应不良的行为，如过度倾诉自身的不满、攻击性行为、内向退缩、回避和逃避、情绪不稳定等。这些行为可能导致家庭、朋友和学生之间的关系紧张和疏远，对教师自身和他人的心理健康产生负面影响。因此，关注和支持教师的人际关系健康至关重要，通过积极的沟通、理解和支持帮助教师克服职业倦怠所带来的负面影响，促进其恢复和发展。

三、职业行为问题

高校教师职业倦怠不仅对教师个人产生负面影响，也会直接影响学生。教师的职业倦怠表现出一系列的职业行为问题，对教学活动和学生的发展产生不利影响。

首先，教师可能逐渐对学生失去爱心和耐心，开始疏远学生。他们可能不再认真备课，教学活动缺乏创造性，只是机械地进行教学，缺乏对学生的关注和引导。他们可能过于依赖权力关系，采取奖惩的方式来影响学生，而不是以情动之、以理晓之的心理引导方式来帮助学生。教师可能将教学过程中的正常阻力看成是严重的冒犯，情绪反应过度。他们可能对学生的问题处理简单粗暴，甚至使用体罚等不当手段。另一些教师在尝试各种方法失败后，可能对教学中出现的问题置之不理，对学生的困惑和需求漠不关心。

其次，教师可能在教学过程中遇到挫折时拒绝领导和他人的帮助和建议。他们可能将他人的关心视作一种侵犯，认为他们的建议和要求不现实或幼稚。这种抵触和拒绝可能导致教师在面对问题时无法及时寻求支持和解决方案，进一步加重职业倦怠的负面影响。

再次，教师可能对学生和家长的期望降低，认为学生是“孺子不可教也”，家长也不懂得如何教育孩子和配合教师。教师可能对学生的能力和潜力持悲观态度，放弃努力，不再关心学生的进步。这种降低期望和失去对学生的关注和期待，进一步加剧教师与学生之间的疏离和互动的减少。

最后，教师可能对教学完全失去热情，甚至开始厌恶和恐惧教育工作，试图离开教育岗位，寻找其他职业。这种职业倦怠情绪常常在教师之间相互强化，进而影响整个学校的士气。教师的消极情绪和行为问题会影响到教学质量和学生的学习成果。当教师缺乏热情和耐心时，学生会感受到教师的冷漠和不关心，导致学生对学习的积极性和参与度降低。教师的不认真备课和教学活动缺乏创造性，会导致教学内容的质量下降，学生的学习效果受到影响。如果教师过于依赖权力关系并过度使用奖惩方式，学生可能会感到压力和焦虑，而不是获得积极的教育引导。此外，教师对学生问题的过度反应和不当处理，会破坏师生关系，进一步加剧学生的困惑和抵触情绪。

第三章　高校教师激励机制分析

第一节　激励机制的概念和类型

一、激励机制的概念

（一）激励

激励是一种管理工具和组织行为的调控机制，旨在通过设计适当的外部奖酬形式和工作环境，以及行为规范和惩罚性措施，借助信息沟通等手段，来激发、引导、保持和归化组织成员的行为，以有效地实现组织及其成员个人目标的系统活动。

第一，激励的出发点是满足组织成员的各种需要。个体的行为和动机受到内在需求和外在刺激的影响，激励机制的设计目的是满足个体的外在性和内在性需要。外在性需要包括物质奖励，如薪酬、奖金、福利待遇等，能够满足个体的生活需求和经济动机。内在性需要涉及职业发展机会、自我实现和成长，如晋升机会、培训发展、工作内容的丰富性和挑战性等。通过满足个体的各种需要，激励机制能够激发其对工作的投入和积极性。

第二，激励需要同时运用奖励和惩罚的手段。激励机制应当综合考虑奖励和惩罚的因素，对符合组织期望的行为进行奖励，同时，对不符合期望的行为进行惩罚。奖励可以包括经济奖励和非经济奖励，如奖金、晋升机会、表彰等，能够增加个体对工作的动力和满意度。惩罚措施旨在对违反行为规范的个体进行惩罚，以维护组织的秩序和规范。然而，惩罚应该是公正、合理和透明的，避免过度惩罚或不当处理，以免对个体产生负面影响。

第三，激励贯穿于组织成员工作的全过程。激励不仅包括对个体需求的了解和把握，还涉及对行为过程的控制和行为结果的评价。组织应通过系统的激励措施和机制，对个体的行为进行引导和规范，确保其在工作中遵循正确的行为准则。同时，组织需要对个体的行为结果进行评价和反馈，以便及时调整和改进激励机制，以提高激励的有效性和适应性。

第四，信息沟通在激励中起着重要的作用。信息沟通是激励机制的重要组成部分，通过及时、准确和透明的信息传递，组织可以向成员传达组织的目标、期望和重要信息。良好的信息沟通能够增强教师对组织的理解和认同，提高工作透明度，促进教师参与和合作。同时，信息沟通还可以帮助组织了解教师的需求和反馈，以便更好地调整和改进激励机制。

第五，激励的最终目的是实现组织目标和教师个人目标的统一。激励机制旨在通过调动教师的积极性和创造力，实现组织的长期发展和竞争优势。同时，激励也应该关注教师的个人目标和成长需求，使其在工作中获得满足感和成就感。通过使组织目标与个人目标相互匹配，激励机制能够激发教师的工作热情和投入，提高工作质量和效率，促进组织和教师的共同成长。

通过合理和有效的激励机制，组织能够调动教师的积极性和创造力，提高工作绩效和满意度，促进组织的持续发展和教师的个人成长。

（二）激励机制

激励机制是为了激发教师的积极性、动力和创造力，推动其实现组织目标而设计和实施的一系列方针政策、规章制度、行为准则、道德规范、文化理念以及相应的组织机构和激励措施的总和。激励机制的目的是通过创造良好的工作环境、提供具有吸引力的奖励和发展机会，激发教师的工作动力，促使其主动参与、全情投入，并持续不断地提高个人和组织的绩效。

第一，激励机制涉及方针政策的制定和传达。高校需要明确制定激励方针和目标，明确表达组织对教师的期望和激励原则，以指导激励工作的开展。这包括制定公正、公平和透明的奖酬制度、晋升机制、培训发展规划等，确保激励措施的合理性和可行性。同时，激励方针需要被有效地传达给组织成员，以增强教师对组织的认同和理解，促使其参与到激励机制中。

第二，激励机制涉及规章制度和行为准则的建立和执行。高校需要建立一套明确的规章制度和行为准则，以规范教师的行为和表现，明确工作的规范和要求。这包括诸如工作纪律、安全规范、职业道德等方面的规定，以确保教师在工作中遵循正确的行为准则。同时，高校需要通过有效的监督和激励手段，对教师的行为进行评价和反馈，确保规章制度和行为准则的有效执行和持续改进。

第三，激励机制涉及文化理念和道德规范的塑造。高校需要树立积极向上、以人为本的文化理念，鼓励教师以诚信、责任和团队合作的价值观为指导，形成良好的学校文化。同时，高校还需要明确和传达道德规范，要求教师在工作中遵循道德准则，注重职业操守和社会责任。通过强调文化理念和道德规范，激励机制能够塑造教师的行为并进一步扩展关于激励机制的概念。

第四，激励机制涉及组织机构的设计和调整。高校需要建立适应激励机制的组织结构，以确保激励的有效实施和执行。这包括明确各级管理者的角色和责任，建立沟通畅通的组织架构和工作流程，促进信息的流动和共享，以便及时获取教师的反馈和需求，及时调整和改进激励措施。

第五，激励机制涉及激励措施的设计和实施。高校需要通过具体的激励措施来激发教师的积极性和创造力。包括制定合理的薪酬体系，以确保薪资与绩效的关联性，提供晋升和发展机会，为教师提供培训和学习的机会，设立奖励和表彰制度，鼓励教师的优秀表现，以及建立良好的工作环境和团队氛围，提高教师的工作满意度和归属感。

第六，激励机制需要不断地评估和改进。高校应定期评估激励机制的有效性和实施情况，收集教师的反馈和建议，及时调整和改进激励措施，以适应变化的组织环境和教师需求。此外，高校还应该注重激励机制的公正性和公平性，确保激励措施对所有教师都公平透明，避免任何形式的歧视和偏好。

激励机制需要综合考虑教师的需求和期望，建立公正、公平和透明的奖酬制度，规范教师的行为和表现，塑造良好的校园文化，建立适应激励机制的组织结构，以及设计有效的激励措施。通过不断评估和改进，激励机制能够促使教师充分发挥潜力，提高工作质量和效率，推动组织的创新和发展。

二、激励机制的类型

高校教师激励机制可以分为多种类型，根据激励的形式和内容可以划分为以下几类。

（一）经济激励机制

经济激励是指通过薪资、奖金、津贴等经济手段来激励教师的工作表现和成果。这种激励机制主要通过提供经济回报来增加教师的工作动力和满意度。例如，设置薪资激励体系，将教师的薪资与其教学和科研绩效挂钩，给予绩效奖金或特别津贴，以激发教师的积极性和创造力。

薪资体系是经济激励的核心。高校可以建立一套薪资激励体系，将教师的薪酬与其教学和科研绩效挂钩。这意味着教师的工资水平将根据其在教学和科研方面的表现和成果来确定。教师可以通过优秀的教学评价、发表高水平的学术论文、参与科研项目等方式来提升自己的绩效，从而获得更高的薪资回报。

奖金和津贴是经济激励的重要手段。除了基本薪资外，高校可以设立奖金和津贴制度，用于激励教师在特定领域或任务中的杰出表现。例如，设立教学质量奖金，对教学成绩优秀的教师给予额外奖励；设立科研成果奖金，对发表高质量学术论文或取得重要科研项目成果的教师进行奖励；提供特别津贴，鼓励教师在特殊岗位或困难地区工作。奖金和津贴的设立可以激发教师的积极性和创造力，同时也能增加教师的收入。

高校还可以通过提供福利待遇来进行经济激励。福利待遇包括各种福利补贴、住房和医疗保险等。高校可以为教师提供舒适的住房条件，提供医疗保险和其他福利待遇，提高教师的生活品质和安全感，以增强其对工作的满意度和忠诚度。

值得注意的是，经济激励机制需要公正和透明。激励措施的设立和实施应该建立在公平和公正的基础上，确保教师能够根据自身的工作贡献和绩效获得相应的经济回报。激励机制的规则和标准应该清晰明确，并向教师充分传达，确保教师对激励机制的公正性有清晰的认知。

（二）职业发展激励机制

职业发展激励是指通过提供晋升机会、培训和学术交流机会等方式来激励教师。这种激励机制注重教师个人的职业发展和成长，通过提供更高的职位和权力、更广阔的学术研究平台和发展机会，激励教师在教学和科研领域取得更好的成就和贡献。

晋升机会是职业发展激励的重要组成部分。高校可以设立明确的晋升制度，为教师提供晋升的机会和途径。通过晋升，教师可以获得更高的职位和权力，担任更重要的教学、研究和管理职责。晋升机会的设立可以激发教师的工作动力和积极性，鼓励他们在教学和科研方面取得更好的成绩，并为个人职业发展提供更广阔的舞台。

培训和学术交流机会是职业发展激励的重要手段。高校可以为教师提供各种培训课程和学术交流活动，以提升其教学和研究能力。培训可以涵盖教学方法、课程设计、评估技巧等方面，帮助教师提高教学质量和教学效果。学术交流可以通过学术会议、学术研讨会、学术合作项目等形式进行，使教师能够与同行学者进行深入的学术交流和合作，拓展学术视野和提升学术水平。通过提供培训和学术交流机会，高校能够激励教师不断学习和提升自己的专业能力，为个人职业发展提供支持和保障。

此外，高校还可以设立一些专项计划和项目，为教师提供更具挑战性和发展空间的机会。例如，设立教师研究项目，鼓励教师在自己的研究领域深入探索和创新；设立教师创新教学项目，鼓励教师在教学方法和教学内容方面进行创新实践；设立学术带头人计划，培养和选拔具有学术影响力的教师。这些专项计划和项目为教师提供了更具挑战性和发展空间的机会，鼓励他们在教学和科研领域中展现出更高水平的表现和领导力。这些机会可以帮助教师拓展专业技能和知识，提升教学和研究能力，进一步推动个人的职业发展。

（三）学术荣誉和表彰机制

学术荣誉和表彰是通过对教师在学术研究、教学质量、教育教学管理等方面的杰出表现进行公开认可和表彰，来激励教师的积极性和工作动力。这种机制可以包括学术荣誉称号的颁发、学术论文的发表和引用次数、教学奖项的获得等。

学术荣誉称号的颁发是学术荣誉和表彰机制的重要组成部分。高校可以设立一系列的学术荣誉称号，如“优秀教师”“学术带头人”“教学大师”等，来表彰在教学和科研领域取得杰出成就的教师。这些称号的颁发通常基于严格的评选标准和程序，对于获得称号的教师来说，它不仅是对他们过去工作的肯定，更是对他们继续努力的鞭策和激励。

学术论文的发表和引用次数也是学术荣誉和表彰机制中的一种重要形式。高校可以设立相关的评估指标，如发表学术论文的数量和质量、论文的引用次数等，来评估教师在学术研究方面的表现。教师通过在知名学术期刊上发表高质量的论文，获得广泛的学术引用，可以获得相应的荣誉和表彰。这不仅对教师个人的学术声誉有所提升，也有助于推动学校的学术研究水平和影响力的提升。

此外，教学奖项的获得也是学术荣誉和表彰机制的重要内容之一。高校可以设立各类教学奖项，如“优秀教学奖”“创新教学奖”等，来表彰在教学质量和教学创新方面取得杰出成就的教师。这些奖项的评选通常基于教学评估结果、学生反馈、同行评议等多个维度的考量，旨在激励教师在教学过程中注重质量、创新教学方法，并提供良好的学习体验和效果。

值得注意的是，学术荣誉和表彰机制需要建立公正、透明的评选机制和程序，确保评选的公平性和客观性。评选标准应该明确并与高校的教学和科研目标相一致，避免主观性评价和不公正的偏好。同时，评选过程应该透明，让教师和整个学术社区了解评选的流程和标准，以确保公正性和信任度。

（四）工作环境和条件激励机制

一个良好的工作环境和条件能够提供教师所需的资源和支持，促使他们更好地履行教学和研究任务，提高工作效率和满意度。

提供先进的教学设备和资源是工作环境和条件激励的关键方面之一。高校可以投入资金，更新和升级教学设备，如多媒体教室、实验室设备、计算机和网络设备等，以提供先进的教学工具和技术支持。同时，高校还可以建立和完善教学资源库，收集和分享优质的教学资源，如教案、课件、教学视频等，为教师提供丰富的教学素材和参考，促进他们的教学创新和提升。

舒适的办公环境对教师的工作积极性和投入度有着重要影响。高校可以提供宽敞明亮的办公室，配备舒适的办公家具和设备，为教师提供良好的工作场所。此外，良好的办公环境还包括良好的工作氛围和人际关系。高校可以鼓励教师进行合作与交流，建立和谐的团队氛围，为教师提供支持和协作的机会，以增进工作满意度和归属感。

合理的工作时间安排也是工作环境和条件激励的重要组成部分。高校应该根据教学和研究任务的需要，合理安排教师的工作时间，避免过度的工作负荷和加班现象。合理的工作时间安排可以提高教师的工作效率和生活质量，帮助他们更好地平衡工作和生活的需求。此外，高校还可以鼓励教师参与课程开发、教材编写等教学相关工作，为教师提供更多的时间和空间进行教学创新和研究探索。

充分的研究经费也是工作环境和条件激励的重要方面。高校应该提供足够的研究经费，支持教师开展科研项目和实验，购买必要的研究设备和材料，参加学术会议和研讨会等。充足的研究经费可以为教师提供开展深入研究的条件和机会，激发他们的创新思维和学术热情，推动学术研究的发展。

此外，提供良好的员工福利也是工作环境和条件激励的重要方面之一。高校可以为教师提供具有吸引力的福利待遇，如医疗保险、养老保险、子女教育补贴、住房补贴等。这些福利待遇可以提高教师的生活质量和安全感，增强他们对工作的满意度和忠诚度。同时，高校还可以为教师提供培训和职业发展的支持，如专业培训、进修学习、学术交流等，帮助教师不断提升自身的能力和素质。

（五）团队合作和交流激励机制

团队合作和交流激励机制在高校教师激励中发挥着重要的作用，它可以促进教师之间的合作、相互学习和专业成长，进而提高教师的工作成效和教学水平。以下是对团队合作和交流激励机制的详细探讨。

开展团队项目是团队合作和交流激励机制的一种重要形式。高校可以组织教师参与团队项目，如科研项目、教学项目等。通过合作开展项目，教师可以共同分享资源、知识和经验，相互支持和协作，实现协同创新和共同成长。团队项目不仅可以提高教师的教学和研究能力，还能培养团队合作精神、提高问题解决能力，进而促进教师个人和团队的发展。

学术研讨会和教学交流活动是团队合作和交流激励机制的另一重要形式。高校可以组织学术研讨会、教学研讨会等活动，为教师提供一个交流和分享学术成果、教学经验的平台。教师可以在这些活动中展示自己的研究成果、教学创新和实践经验，与同行学者进行深入的学术交流和讨论。这些交流活动不仅能够拓展教师的学术视野，还可以促进教师之间的合作与共享，推动教学研究的不断发展。

建立教学团队和学术团队也是团队合作和交流激励机制的一种重要方式。高校可以组建教学团队，由教师共同承担某一门课程或一类课程的教学任务，通过团队合作，提高教学效果和学生满意度。学术团队可以由教师共同组成，致力于某一学术领域的研究和探索，通过合作与交流，共同推进学术研究的进展和成果。团队合作可以促进教师之间的相互学习和经验分享，培养合作精神、团队意识和创新能力。

（六）工作量和工作负荷分配激励机制

一个合理的工作量和工作负荷分配可以帮助教师更好地履行教学和科研任务，提高他们的工作积极性和创造力，进而提升工作满意度和工作质量。

合理安排教学任务是工作量和工作负荷分配激励的重要方面之一。高校应根据教师的专业背景、教学能力和工作经验等因素，合理分配教学任务。这包括确定每位教师的教学课时和教学班级数量，确保每位教师有足够的时间和资源来准备和开展教学工作。同时，高校还应根据教师的特长和研究方向，合理安排教学科目，使教师能够在自己擅长的领域进行教学，提高教学效果和学生满意度。

合理安排科研项目和研究任务也是工作量和工作负荷分配激励的重要方面之一。高校应根据教师的研究方向和科研能力，合理分配科研项目和研究任务。这包括确定教师的科研项目数量和研究经费，为教师提供足够的资源和支持来开展科研工作。同时，高校还可以鼓励教师参与学术合作和团队研究，通过合作与交流，共同推进科研工作的进展和成果。

合理的工作量和工作负荷分配应该充分考虑教师的个人能力和状况。每位教师的工作能力和负荷承受能力不同，高校应根据教师的个人特点和需求，灵活调整工作量和工作负荷。在某些情况下，高校可以根据教师的特殊需求，适当减少其工作量或调整其工作安排，以保证教师的工作效率和工作质量。

（七）绩效评价和反馈激励机制

绩效评价和反馈激励机制在高校教师激励中起着关键的作用，它通过科学、公正、透明的评价体系对教师的教学和科研成果进行评估和反馈，激励教师不断提升和改进自己的工作。

首先，建立科学的评价指标和标准是绩效评价和反馈激励的基础。高校可以根据教师的职责和工作要求，制定具体的评价指标和标准，如教学质量、科研成果、教育教学管理等方面。这些指标和标准应该明确、可衡量，并与高校的教学和科研目标相一致。评价指标可以包括教学评估结果、学生评价、学术论文发表数量和质量、科研项目成果等，通过量化和定量化的方式对教师的工作进行评估。

其次，评价过程应该是公正和透明的。高校应确保评价过程的公正性和透明度，避免主观偏见和不公正的因素影响评价结果。评价程序和标准应该明确向教师公布，并充分考虑教师的个人特点和背景。评价过程可以包括教学观摩、课堂评估、学生调查、同行评议等多种方式，通过多角度和多层面的评价，全面了解教师的工作表现和贡献。

再次，及时反馈和个性化发展建议是绩效评价和反馈激励的重要环节。高校应该及时向教师提供评价结果和反馈意见，帮助教师了解自己的工作表现，并提供具体的改进和发展建议。反馈可以书面形式或面谈的方式进行，针对教师的强项和改进空间进行分析和指导。个性化的发展建议可以根据教师的需求和目标进行定制，帮助教师制订个人发展计划和提供相关的培训和支持。

最后，绩效评价和反馈应该是持续的过程。高校可以定期进行评价和反馈，如每学期、每年或每个阶段结束时进行一次绩效评估。这种定期的评价和反馈有助于教师对自己的工作进行持续的自我反思和改进，促进教师的职业成长和发展。

以上仅是高校教师激励机制的一些常见类型，实际中的激励机制可能结合多种因素进行设计和实施，以适应不同学校和教师的特点和需求。同时，激励机制的设计和实施需要综合考虑激励的效果、公平性、可操作性等因素，以确保激励机制的有效性和可持续性。

第二节　高校教师激励机制的现状

一、高校教师职业本身的需求特点

（一）物质需要

物质需要是人类生活的基本需求之一，包括食物、住房、衣物、医疗保健等。作为高校教师，他们也是生活在现实世界中的人，对高水平物质生活的追求是人的本性。然而，相对于其他相近行业的收入增长幅度而言，当前我国高校教师的收入仍然较为有限，大部分教师的物质生活水平仅属于中等水平。因此，提高物质待遇成为大部分教师希望实现的目标，这也是他们希望提升待遇水平的内在动机之一。

特别是在我国人均生活水平相对较低的情况下，教师的物质需求更加迫切。他们希望通过工作的努力和付出，得到相应的物质回报。这种需求也与教师所从事的科研工作直接相关，尤其是与创造成就需要直接相关的物质需要。例如，教师在开展科研项目时可能需要购买图书资料、获取信息等物质手段，使用特定的仪器设备和工具，以及具备良好的工作场所和必要的休息条件。这些物质需要对于教师的工作效果和成就具有重要影响。

因此，对于高校教师而言，满足物质需要是发展精神需要的前提条件。他们希望通过获得更好的物质条件来提升自身的工作效率和创造力。物质需要的满足可以为教师提供良好的工作环境和条件，使他们能够更专注地从事教学和科研工作。例如，提供先进的教学设备和资源可以提升教学效果；舒适的办公环境可以促进思考和创新；充足的研究经费可以支持科研项目的顺利进行等。这些物质条件的改善有助于满足教师的工作需求，促使他们更好地投入到工作中，提高工作满意度和质量。

然而，教师的物质需要并非仅仅追求物质回报，更重要的是物质条件对于教师从事教学和科研工作的影响。物质条件的改善可以提供教师所需的资源和支持，为他们顺利开展教学和科研工作创造良好的条件。

（二）归属与爱的需要

归属与爱的需要是人类心理需求中重要的一部分，也是高校教师作为社会群体的一员所具备的需求特点之一。教师在校园环境中生活和工作，与学生、同事以及学术界的交往和合作，对于满足教师的归属与爱的需求至关重要。

学术氛围和目标激励。高校教师希望能够身处积极向上的学术氛围中，与志同道合的学者们共同追求学术进步。学术氛围的营造对于教师的归属感和满足感至关重要。高校可以通过举办学术研讨会、讲座、学术交流活动等形式，激发教师对学术研究的兴趣和热情，促进教师之间的学术合作和交流，使教师能够获得在学术界的认同和归属感。

人际关系和合作。高校教师在教学和科研活动中需要与学生、同事和国内外同行进行交往和合作。与学生的良好关系和有效的沟通能够增强教师的教学效果；与同事的合作和团队精神可以提升教师的工作效率和创造力；与国内外同行的学术交流能够拓宽教师的视野和增加学术合作的机会。高校可以通过组织师生座谈会、学术讨论会、研究团队等形式，营造和谐的人际关系和合作氛围，促进教师之间的交流和互动，满足他们对归属和爱的需求。

学术认可和声誉。教师也具有对学术界的归属需求，希望获得学术界的认可和尊重，并获得一定的声誉。高校可以通过评选学术荣誉称号、邀请教师参与重要学术活动、发布学术成果等方式，对教师的学术贡献进行认可和表彰。这不仅能够增强教师的归属感，还可以激励他们在学术研究和教学领域上取得更好的成绩。

工作团队和合作项目。高校教师希望能够参与具有挑战性和创新性的工作团队和合作项目。这种参与可以促进教师之间的合作和交流，培养共同的目标和使命感。高校可以鼓励教师参与跨学科的研究项目、创新教学项目等，提供平台和资源支持，以满足教师在工作中对归属感和爱的需求。

支持和关怀。高校可以通过关注教师的生活和工作情况，提供必要的支持和关怀，满足他们对归属和爱的需求。例如，建立健全的师生关系；为教师提供良好的工作环境和条件；鼓励教师参与社会活动和校园文化建设；提供个人发展的支持和指导等。这些举措能够增强教师的归属感，让他们感受到高校对他们的关心和重视。

高校教师的归属与爱的需求是他们在工作中追求满足感和工作满意度的重要方面。高校应该重视并满足教师的归属与爱的需求，可以通过营造良好的学术氛围、促进人际关系和合作、任课教师的学术贡献、支持和关怀教师等方式，激励教师积极投入到教学和科研工作中，从而提高工作质量和学术水平。

（三）自尊和荣誉需要

高校教师职业本身具有自尊和荣誉的需求特点，这源于尊师重教的传统、教师在人才培养和科技创新中的重要作用以及知识经济时代对知识和知识分子价值的认可。

自尊心和自信心。高校教师具有敏感的自我意识，他们对自己的教育专业背景和专业知识充满自豪感，并对自己的教学和科研能力有着强烈的自信。教师希望被学生和同行所尊重和认可，希望自己的专业知识和经验得到他人的肯定。通过受到他人的尊重和赞赏，教师能够增强自己的自尊心和自信心，更加积极地从事教学和科研工作。

自主性和灵活性。高校教师希望能够在一个自由、自主的工作环境中开展自己的教学和科研工作。他们不愿受到过多的约束和限制，希望在工作场所、工作时间和工作节奏等方面拥有一定的灵活性。高校可以鼓励教师参与教学改革和教学创新，提供灵活的工作安排和支持，让教师有更多的自主权和选择空间，满足他们对自主性和灵活性的需求。

社会认可和信任。高校教师希望得到社会的认可和信任，他们希望被视为专业人士和知识精英。教师在教育领域具有重要的角色和责任，他们希望自己的工作能够被社会所认可和重视。通过获得社会的认可和信任，教师可以感到自己的工作有价值和意义，从而增强自尊心和荣誉感。

职业发展和晋升机会。高校教师追求职业发展和晋升的机会，他们希望能够在教学和科研方面取得更高的成就和地位。高校可以提供培训和发展机会，支持教师参与学术交流和专业发展，为教师提供晋升的渠道和机会，让他们感到自己的努力和贡献得到了认可和回报。

高校教师的自尊和荣誉需要是其职业本身所固有的需求特点。通过满足教师的自尊和荣誉需要，可以激发教师的工作动力和积极性，提高他们的工作满意度和质量，从而推动整体教育事业的发展。

（四）创造与成就需要

高校教师职业本身具有创造与成就的需求特点，这源于教师从事传递人类文明的工作，受到无数有成就的人物及其创造成就的影响和鼓舞。

创造性教育成果的追求。高校教师追求创造性的教育成果，他们力求以创新的方式将知识传授给学生。教师渴望通过独特的教学方法和教育模式激发学生的学习兴趣和创造力，培养学生的创新思维和解决问题的能力。教师对于学生的进步和成长感到自豪和满足，他们希望通过自己的教育工作创造积极的影响，为学生的未来发展作出贡献。

创新性的研究成果。高校教师努力追求创新性的研究成果，他们在自己的学科领域中探索新的知识和理论，推动学科的发展和进步。教师积极从事科学研究、学术论文的撰写和发表，参与科研项目的申报和执行，希望通过自己的研究工作对学术界作出贡献。教师对于科研成果的创造和学术声誉的提升充满期待，他们追求在学术界具有一定的影响力，为学科发展和社会进步作出重要贡献。

自我价值实现的追求。高校教师拥有高深的专业知识和济世救国的理想追求，他们希望通过教学和科研工作实现自我价值。教师将教学和科研视为一种乐趣和体现自我价值的方式，通过发挥自己的专长和才能来成就事业。教师更加关注自身价值的实现，希望通过获得较高的学术地位和社会地位，以及在专业领域内拥有较强的影响力来得到社会的认可。

学术地位和社会地位的追求。高校教师追求在学术界和教育界具有较高的学术地位和社会地位。他们希望在自己的学科领域内获得一定的学术声誉和专业地位，被同行和学生所认可和尊重。教师追求学术地位的提升，可以通过发表高水平的学术论文、参与重要学术会议、担任学术组织的职务等方式来实现。同时，教师也追求在教育界和社会中具备一定的社会地位和影响力，他们希望通过自己的专业知识和经验对社会产生积极的影响，被社会广泛认可和尊重。

挑战和成就感的追求。高校教师对于挑战和成就感的追求也是他们创造与成就的需求特点之一。教师在教学和科研工作中面临着各种挑战，包括教学方法的创新、学生的个性化需求、研究难题的攻克等。他们追求克服挑战并取得突破，通过克服困难和实现目标来获得成就感。教师对于教学成果的提升和科研成果的突破而感到自豪和满足，这进一步激发他们在教学和科研中持续努力和追求创新。

持续学习和专业发展的追求。高校教师追求持续学习和专业发展，不断提升自己的知识和技能水平。他们积极参加教师培训和学术交流活动，追求学术更新和专业进步。教师希望通过不断学习和专业发展，提高自己的教学和科研能力，实现个人的成长和进步。同时，教师也关注培养新一代人才和学科传承的重要性，通过教育和指导学生的成长，他们感到自己在教育事业中发挥着重要的作用，获得成就感和满足感。

高校教师职业本身的需求特点中的创造与成就需要体现了教师追求个人成长、学术发展和社会影响的内在动机。高校可以通过提供良好的教学和科研环境、支持教师的专业发展、鼓励创新和成果转化等措施来满足教师的创造与成就的需求。

（五）学习和发展需要

发展需要指对主体素质或条件不适应状态的趋平衡要求。教师发展需要的满足依赖于持续学习。科学技术的快速发展、学科专业的不断调整变化、现代教育技术手段的广泛应用，促使站在学科前沿的高校教师不断更新知识、提高技能。因此，终身学习、持续教育成为高校教师的内在要求。高校教师是具有较高理论素养和强烈成就欲望的一群人。他们大多希望能成为自己所在领域的成功人士，因此其职业生涯的发展与成功是高校教师的最大内在需要。高校教师的职业生涯发展是与高校组织自身发展紧密相关的，一方面，教师个人职业生涯发展必须以高校组织的发展为载体；另一方面，高校组织的发展依赖于教师个人职业生涯的发展。可以认为，高校教师职业生涯发展是高校及其教师的共同目标。高校教师是智力高度密集行业，前期投入大、平均学历高、学识深、知识更新压力大。他们也需要不断进修、看书、购买资料以更新自己的知识。

二、高校教师激励机制的现状分析

高校教师激励机制的发展现状存在一些积极的趋势和变化，以下是对高校教师激励机制发展现状的分析。

（一）多元化的激励方式

传统的薪酬和职称晋升仍然是教师激励的重要手段，但现在越来越多的高校开始意识到单一激励方式的局限性，积极探索并实施多元化的激励措施。

教学质量评估成为激励教师的重要指标之一。高校重视教学质量评估，通过学生评价、同行评议、教学观摩等方式对教师的教学进行全面评估和反馈。优秀的教学质量被认为是教师激励的重要因素，教学成果和教学效果的提升可以直接影响到教师的激励和晋升机会。

教育教学改革的贡献也成为教师激励的重要考量因素。高校开始注重教师在教育教学改革中的创新和贡献，对于教育教学模式改革、课程建设、教学方法的创新等方面的突出贡献给予激励和奖励。以这种方式鼓励教师积极参与和推动教育教学改革，能促进教育教学质量的提升。

高校也鼓励教师参与科研项目和学术交流，并提供相应的激励措施。教师参与科研项目的申报和执行、学术论文的撰写和发表等都被认为是教师学术研究能力的体现，高校通过提供科研经费、学术论文发表奖励、学术交流和国际合作的机会等方式来激励教师积极投入科研工作。

除了以上几点，一些高校还尝试创新的激励方式，如设立特聘教授、学术讲座教授、杰出青年教师等特殊岗位，为教师提供更广阔的职业发展空间和机会。同时，高校还注重对教师的职业发展和个人成长的支持。他们鼓励教师参加培训课程、学术研讨会和专业发展活动，提供导师制度和职业发展规划，帮助教师不断提升专业能力和学术水平。高校还鼓励教师参与教师团队合作和跨学科研究，以促进知识交流和创新合作。

（二）职业发展通道的完善

近年来，高校教师职业发展通道的完善成为高校激励机制中的重要方面。高校开始意识到教师职业发展的重要性，通过建立更加完善的职称评定体系和设立特殊岗位，为教师提供更广阔的职业发展空间和机会。

职称评定体系的完善。许多高校建立了更加完善的职称评定体系，明确了教师的职业晋升路径和条件。职称评定体系包括不同级别的职称和晋升要求，如助教、讲师、副教授、教授等。这些职称评定体系为教师提供了明确的职业晋升目标，激励他们在教学和科研方面持续努力。同时，高校还注重对教师职业发展的指导和支持，提供培训、导师制度和职业规划等资源，帮助教师制定个人发展计划，提升职业能力和水平。

特殊岗位的设立。为了更好地发挥教师的优秀才能，一些高校设立了特殊岗位，如特聘教授、杰出青年教师等。这些岗位通常面向具有卓越教学和研究能力的教师，并提供更高的薪酬和更多的职业发展机会。特殊岗位的设立旨在吸引和留住优秀人才，激励他们在教学和科研方面取得更大的成就。这种方式同时也鼓励其他教师向这些岗位努力，旨在促进整个教师队伍的提升和发展。

职业发展支持体系的建立。高校开始建立职业发展支持体系，为教师提供培训、导师指导、学术交流和项目支持等。培训包括教学方法、教育技术、科研方法等方面的提升，帮助教师提高教学和科研能力。导师指导则通过指导教师的职业规范、分享经验和提供指导，帮助教师规划和实现职业发展目标。学术交流为教师提供了与同行学者交流和合作的机会，能够拓宽视野、增进学术造诣。项目支持则为教师参与科研项目和教育教学改革提供经费和资源支持，促进教师在专业领域的发展和成长。

教师评价机制的改革。为了更准确地评估教师的教学和科研绩效，一些高校开始改革教师评价机制。传统的教师评价主要以学术论文数量和职称评定为重要依据，而现在高校逐渐将教学质量、教育教学改革和社会影响力等因素纳入评价体系，多维度全面评估教师的综合能力和贡献。这样的改革鼓励教师注重教学和创新实践，提高其教学质量和教育教学改革的积极性。

国际化发展的机会。随着全球化的进展，高校教师也面临更多的国际化发展机会。一些高校积极开展国际交流与合作，鼓励教师参与国际学术会议、项目合作和学术交流，提供留学和访问学者的机会。这些国际化发展的机会为教师提供了与国际同行交流学习、拓展国际视野和合作研究的平台，对教师的职业发展具有积极的影响。

（三）教学质量评估的重视

教学质量评估作为激励教师提高教学质量的重要手段，被越来越多的高校纳入到教师评聘和晋升的考核体系中。

建立教学评估体系。为了全面了解教师的教学情况和教学效果，高校开始建立教学评估体系。这一体系包括学生评价、同行评议、教学观摩和教学档案等多种评估方法。学生评价通常通过问卷调查、课堂反馈等方式收集学生对教师教学的评价和意见。同行评议则由其他教师对教师的教学进行评估和反馈，促进教师之间的交流和共同进步。教学观摩则提供了教师之间相互学习和借鉴的机会。教学档案记录了教师的教学准备、课堂教学设计和反思等信息，作为评估教学质量的依据。

多元化的评估指标。高校教师教学质量评估不再局限于学生的学习成绩，更加注重多元化的评估指标。除了学生的评价意见，教师的课堂教学效果、教学方法的创新、学生参与度和学习成果等方面也被纳入评估的范围。高校鼓励教师在教学中注重学生的主体地位，通过激发学生的学习兴趣和参与度，提高教学质量。同时，教师的教育教学改革成果和对教学研究的贡献也被视为评估教学质量的重要指标之一。

反馈和改进机制。高校教学质量评估不仅是对教师进行评价，更注重为教师提供反馈和改进的机制。通过教学评估的结果和反馈意见，教师可以了解自己的教学优势和不足，并及时调整和改进教学策略。

（四）学术声誉和影响力的认可

学术声誉和影响力作为教师的重要资本，被越来越多的高校视为教师评聘和晋升的重要参考指标。

鼓励学术研究和学术交流。高校积极鼓励教师参与学术研究和学术交流。教师被鼓励主动参与科研项目的申报和执行，积极发表学术论文，并参与重要的学术会议和研讨会。高校为教师提供科研经费、实验设备和研究资源的支持，以激励教师积极从事学术研究工作。同时，高校也鼓励教师与国内外学者展开学术交流和合作，为教师提供广阔的学术合作平台，提高教师的学术影响力。

发表高水平的学术论文。高校重视教师发表高水平的学术论文，将其作为评估教师学术水平的重要指标之一。教师被鼓励积极投稿到高水平的学术期刊，并在学术界产生有影响力的研究成果。高校为教师提供学术论文发表奖励，如发表论文数量和质量的奖励，以及学术成果的奖励和表彰。这些奖励措施鼓励教师不断提升学术研究水平，增强学术影响力。

参与重要学术活动。高校鼓励教师积极参与重要学术活动，如学术会议、学术报告、研讨会等。教师的参与和发言在学术界中得到认可和关注，能够提升教师的学术声誉和影响力。高校支持教师参与学术组织和学术团体的工作，担任学术职务和评审专家等，为教师提供更多展示自己学术能力和影响力的机会。

评估学术影响力。高校开始重视评估教师的学术影响力，将其作为教师评聘和晋升的重要参考指标。评估学术影响力的方法包括引用量、被引用率、学术成果的影响因子等。高校通过对教师学术成果的定量和定性评估，全面了解教师在学术界的声誉和影响力，为其职业发展提供依据。

学术荣誉和奖励。高校通过设立学术荣誉和奖励制度，表彰教师在学术研究方面的杰出成就和贡献。这些荣誉和奖励包括学术奖项、学术称号、学术楼命名等，为教师树立榜样和鼓励其他教师积极从事学术研究工作。同时，高校也鼓励教师申请国家级和省级的学术荣誉和奖励，提高教师的学术声誉和影响力。

学术支持和资源保障。高校为教师提供学术支持和资源保障，帮助教师提升学术声誉和影响力。高校为教师提供科研经费、实验设备和研究场所等资源，支持他们开展学术研究工作。同时，高校鼓励教师参与学术团队和学术项目，提供合作交流的机会，拓宽教师的学术合作网络。这些支持和保障措施为教师提供了良好的学术环境和条件，促进其学术声誉和影响力的提升。

高校对教师学术声誉和影响力的认可程度在不断提高。通过鼓励教师参与学术研究和学术交流、发表高水平的学术论文、参与重要学术活动以及评估学术影响力等方式，高校致力于优秀教师的学术声誉和影响力的提升，从而推动学术研究和学术创新的发展。

第三节　高校教师激励机制的问题和挑战

高校教师激励机制面临着一些问题和挑战，其中一些主要问题包括：

一、教师聘任制度不健全

目前很多高校还沿袭着原来的教师职称评聘制度，造成了用人机制的僵化。由于职称评聘制度是“一次评定，终身享用”，并且与教师的各项福利、待遇相挂钩，所以职称已经成为教师的一种身份象征。有条件要评，没有条件创造条件也要评。教师管理部门为了平衡各方面的利益，往往采用论资排辈的方法评聘，妨碍了评聘的公平性和竞争性。由于这种人事管理体制的限制，造成了高校教师能上不能下、能进不能出、没有竞争、缺乏活力的用人机制，妨碍了真正意义上的教师优胜劣汰的激励机制的推行与实施。

（一）评聘制度僵化

教师职称评聘制度的一次评定、终身享用的特点限制了教师的职业发展机会。一旦教师获得了较高的职称，如教授或副教授，他们就很难再次接受评聘，进一步提升职称。这种制度限制了教师在教学和科研等方面的进一步发展和创新，使得教师职业发展陷入了瓶颈。同时，由于职称与各项福利和待遇挂钩，教师往往过于注重获取职称，而忽视了教学和科研等方面的提高，导致教师的职业发展过于单一。

评聘制度的僵化使得教师的个人能力发展受到限制。教师的能力和水平是动态发展的，但由于评聘制度的一次评定特点，教师的职称无法及时调整至与其个人能力和表现相匹配。一些教师可能在职业生涯的不同阶段出现了能力和兴趣的变化，但由于评聘制度的限制，他们无法获得相应的职称调整，难以发挥个人优势和潜力。这种僵化的评聘制度限制了教师个人能力的发展和提升。

此外，由于评聘制度的固化，一些教师长期占据职位，难以进行真正意义上的优胜劣汰。教师职称评聘制度的终身享用特点导致了一些教师在职位上久坐不动，缺乏动力和活力，影响了整个教师队伍的竞争性和创新性。这种固化的评聘制度限制了真正意义上的教师优胜劣汰的激励机制的推行与实施。

（二）缺乏公平和竞争性

由于评聘制度的特殊性，一些高校在评聘过程中采用论资排辈的方式，使得教师的职称评定更加倾向于工龄和资历的考量，而非真正评价教师的教学和科研能力。这种评聘方式可能导致教师的晋升过程中缺乏公平性和竞争性，优秀的教师难以获得应有的职业认可和提升机会。同时，这也限制了年轻教师的成长和发展，影响了教师队伍的活力和创新力。

一些高校在评聘过程中过于偏重教师的工龄和资历，忽视了对教师的教学和科研能力的评估。评聘委员会往往更注重教师的教龄和职称历程，而对教师在教学和科研方面的表现和成就没有充分的了解和评价。这种论资排辈的评聘方式使得教师的晋升更多地依赖于教龄和资历的积累，而不是教师的实际能力和潜力。优秀的年轻教师在晋升过程中面临着困境，难以获得公平的竞争机会，限制了他们的职业发展和潜力发挥。

评聘过程中的主观因素和权力任性也影响了公平性和竞争性。评聘委员会的成员可能存在个人偏见和利益考虑，导致评聘结果受到主观因素的影响。一些高校存在权力任性和人际关系的干扰，教师的职称评定可能受到非学术因素的影响，使得评聘过程失去了公正和客观性。这种情况下，教师的职称评定无法真正反映其教学和科研能力，造成了公平竞争的缺失。

（三）用人机制的僵化

教师一旦获得较高的职称，很难被降职或解聘。由于评聘制度的特殊性，一旦教师获得了教授或副教授职称，他们的职位就相对稳定，并且享有一定的职业保障和福利待遇。这导致一些教师可能在职位上停滞不前，没有动力去进一步提升自己的教学和科研能力。与此同时，一些教师可能因为各种原因，如教学水平下降或科研成果不佳，但由于制度的限制，难以被降职或解聘。这种用人机制的僵化使得教师队伍中存在一些低效能和失去活力的教师，影响了教育教学的质量和效果。

用人机制的僵化也影响了优秀青年教师的发展机会。由于教师职位的稳定性，一些长期占据职位的教师无法为新进入教职的优秀青年教师腾出位置。这使得优秀青年教师难以获得进入高校教职的机会，限制了他们的职业发展和发挥潜力。这种情况导致高校教师队伍的结构失衡，缺乏新鲜血液和活力，影响了高校的教育教学质量和创新能力。

二、教师考核手段不科学

尽管大多数高校都建立了量化的岗位聘任考核制度，但过于强调量化手段，忽视了高校管理和教师工作的内在规律。

（一）不合理的量化考核制度违背教师工作规律

量化考核制度片面强调短期成果，违背了教师工作的特点和内在规律。教学和科研工作是需要长时间积累和深入思考的过程。然而，量化考核制度要求教师在有限的时间内达成一定的成果，使得教师和科研人员不得不为了追求短期成绩而忙于教学任务和科研项目，缺乏必要的思考、积淀和创新的时间。这导致教师难以做出高水平的教学和科研成果，影响了教师的教学质量和科研水平。

忽视教学过程的重要性。教师的教学工作是一个需要耐心和持续努力的过程。教师需要投入时间和精力与学生互动、解答问题、激发学生的兴趣和思考能力。然而，量化考核制度往往忽视了教学过程中的努力和贡献，过于关注表面的短期成果，如学生的分数和评价。这使得教师更加注重追求短期的成功，而忽视了教学的深度和长期的影响力。

削弱科研的深度和创新性。科研工作是教师职业发展的重要组成部分。高水平的科研成果往往需要长期的思考、实验和分析，需要教师持续投入时间和精力。然而，量化考核制度往往以科研成果的数量和发表论文的数量为评价标准，导致教师过度追求产出数量，忽视了科研的深度和创新性。教师可能倾向于进行短期和低风险的研究项目，而忽视了需要更长时间和更高风险的探索性研究。

缺乏思考和积淀的时间。教师需要时间进行教学准备、教学反思和学术研究。然而，量化考核制度要求教师在有限的时间内完成一系列的任务，给教师留下较少的时间进行深入思考和积淀。这限制了教师在专业领域的深度发展和创新能力的提升。

影响教师的工作动力和创造力。过度追求短期成果的量化考核制度可能使教师感到压力重重。教师可能更加关注达成考核指标，而不是拓展自己的专业知识和提高教学质量。这种情况可能削弱教师的工作动力和创造力，限制了他们在教学和科研方面的潜力发挥。

（二）过于细化和绝对化的量化考核指标削弱了教师的创新能力和合作精神

过于细化和绝对化的量化考核指标在评估教师绩效时，削弱了教师的创新能力和合作精神。量化考核制度往往将教师的绩效评价简化为具体的指标和权重，如教学评分、科研论文数量、科研经费的获得等。这样的制度设计忽视了教师工作的综合性和多样性，过于强调数量和表面的成果，而忽视了教师在教学和科研中的创新和深度发展。

过于追求具体指标的达标，可能使教师过度注重应对考核指标，而忽视了教学质量的综合性和创新性。教学评分可能只反映了教师在特定课堂环境下的表现，而忽略了教师对学生的个体关注和教学方法的多样性。同样，科研论文数量的考核可能使教师进行浅尝辄止的研究，追求数量而忽视质量和深度。这样的制度设计可能削弱了教师的创新能力和教学质量，使得教学和科研成为应付考核的手段，而非真正的创新和贡献。

过于绝对化的量化考核指标可能导致教师之间的竞争激烈，缺乏合作精神和团队协作。教师为了争取优秀的考核成绩，可能会过度竞争科研资源和短期利益，导致科研合作的减少和互相之间竞争的增加。这种竞争导向的环境不利于教师之间的合作和知识分享，限制了团队的创新能力和整体绩效。

此外，过于强调绩效考核的量化指标，可能忽视了教师的个体差异和专业特长。每个教师都有自己的教学风格和研究方向，但量化考核制度往往无法充分评估任课教师的个人特点和贡献。这样的制度设计可能使教师感到被规范化和同质化，限制了教师的多样性和创新性。

三、薪酬体系缺乏激励性

薪酬体系是企业人力资源管理的核心内容之一，也是高校教师最重要的物质激励手段。合理有效的薪酬体系不但能有效激发教师的积极性与主动性，促使教师努力实现高校教育的目标，提高高校的教学水平，而且能在人才竞争日益激烈的知识经济下吸引和留住一支素质良好且有竞争力的教师队伍。受长期计划经济体制的束缚，我国高校教师目前的薪酬体系缺乏激励性，主要表现在：有形报酬货币化收入偏低、资助奖金的档次没有拉开、收益没有较好地与实际的工作绩效挂钩等。久而久之，这些做法既挫伤了教师努力工作的积极性，也难以对后进者产生鞭策和压力。

有形报酬偏低。教师的工资水平相对较低，无法有效吸引和留住高素质的教师人才。许多教师在面临工资压力时，可能会选择离开学术界，寻求更有吸引力的薪酬待遇。低水平报酬会对教师的工作积极性和创新能力造成一定的抑制，影响教师队伍的整体素质和教学水平的提高。

资助奖金档次未拉开。高校薪酬体系中的资助奖励金制度存在问题。资助奖励金档次普遍相对较低，导致教师对于获得资助奖励的动力不足。资助奖励金应该根据教师的科研成果和学术贡献进行区分和分级，以激励教师积极从事科研活动和学术创新。然而，在实际操作中，许多高校的资助奖励金档次未能拉开，无法真正激发教师的科研热情和创新能力。

收益与工作绩效挂钩不充分。当前高校教师薪酬体系中，薪酬收益与教师的实际工作绩效挂钩的程度不充分。教师的薪酬增长主要依靠年限和职称晋升，而较少考虑教师的教学质量、科研成果和学术影响力等因素。这种情况导致了教师对于提高自身教学和科研水平的积极性不高，缺乏对于优质教学和学术创新的动力和热情。薪酬体系应该更加注重教师的实际工作表现和绩效，将收益与工作绩效挂钩，以激发教师的积极性和创造力。

缺乏对后进者的鞭策和压力。目前的薪酬体系缺乏对后进教师的激励和约束机制。由于薪酬的晋升主要依赖于年限和职称晋升，一些教师可能没有明显的动力去提升自己的教学和科研水平，因为他们知道即使表现不佳，他们的薪酬也不会受到太大的影响。缺乏对后进者的鞭策和压力，使得一些教师缺乏进一步的进取心和自我提升的动力，这可能导致整体教师队伍的发展缓慢。

缺乏差异化的薪酬激励。当前的薪酬体系较为统一化，缺乏差异化的薪酬激励。不同教师的工作表现和贡献有所差异，但薪酬体系未能充分反映这种差异性。应该建立一套差异化的薪酬激励机制，根据教师的工作表现、教学质量、科研成果和学术影响力等因素来确定薪酬水平，以激励优秀教师的进一步发展，并提供更好的发展机会。

缺乏长期激励机制。现有的薪酬体系往往偏重短期绩效的考核，缺乏对教师长期发展的激励机制。教师职业发展是一个长期的过程，需要不断积累和提升。然而，现行薪酬体系中的短期激励措施无法持续激发教师的工作热情和积极性。应该加强对教师职业发展的长期激励，如提供职业发展规划、学术研修和进修的机会，为教师提供更广阔的发展空间和晋升通道。

当前高校教师薪酬体系缺乏激励性，需要进行改革和完善。应该合理调整教师的有形报酬水平、建立差异化的薪酬激励机制、将薪酬与工作绩效挂钩、注重长期激励和发展机会的提供，以提高教师的工作动力和创造力。

四、民主管理氛围不浓厚

高校教师属于高级知识分子。对他们而言，不仅需要较高的物质激励，还需要较高的精神激励。以人为本，提高教师管理的自主性，实施民主管理是提高教师精神激励的一项重要措施。目前很多高校不重视民主管理，领导拍板、“一言堂”等现象比较严重。这既不利于调动教师的工作情绪、不利于激发教师的工作热情，也影响了民主管理气氛的营造。究其原因主要是管理部门、管理人员与教师缺乏信息沟通造成的。而信息沟通应该贯穿在激励机制的建立和实施的整个过程之中，如果领导及管理部门缺乏与教师的深入沟通，互相之间存在着不信任，即使是好的措施也将难以得到教师的认同，其效果肯定不尽如人意。

（一）决策过程缺乏教师参与

在一些高校中，管理部门在制定重要决策时往往缺乏广泛的教师参与。决策权被高层领导集中掌握，教师的意见和建议往往无法得到充分听取和重视。这种情况下，教师在组织决策中的主体地位不够，缺乏自身利益的表达和维护的机会，影响了教师对组织的归属感和参与感。

决策集中化。在一些高校中，重要决策往往由高层领导集中掌握。管理部门在制定决策时很少主动征求教师的意见和建议，导致教师在组织决策中的参与度较低。教师的声音和意见往往无法得到充分的听取和重视，缺乏对决策过程的真正参与和影响力。

缺乏参与机会。在决策过程中，教师缺乏广泛的参与机会。他们往往只能被动地接受决策结果，无法在决策制定阶段发表自己的意见和建议。在这种情况下，教师难以表达自己的观点、需求和利益，影响了他们的工作积极性和参与感。

缺乏透明度和信息共享。决策过程的透明度不足，教师缺乏对决策的详细了解。管理部门未能及时和教师沟通决策的背景、目标和原因，导致教师对决策的理解不足。这使得教师对决策结果产生怀疑和不满，缺乏对决策的信任。

影响教师参与意愿和归属感。教师参与决策的意愿和归属感受到了负面影响。缺乏参与决策的机会和渠道使得教师感到被边缘化，缺乏对组织的归属感。这可能导致教师的工作热情和敬业精神的下降，对组织目标的认同度降低。

（二）沟通渠道不畅通

缺乏及时的信息传达。管理部门在制定决策或重要政策时，往往未能及时向教师传达相关信息，如决策的背景、目标、原因以及实施细节等。这导致了教师对于决策的理解不足，因而缺乏对决策的认同感和参与度。教师对于组织的发展方向和重要变化不够了解，影响了他们对工作的投入和积极性。

反馈渠道不畅通。教师在面临问题、提出需求或提供建议时，往往面临反馈渠道不畅通的问题。他们难以将自己的声音传达给管理部门，因而无法得到及时的回应和解决。在这种情况下，教师对于组织管理的积极性和参与度下降，也无法真正感受到管理部门对他们需求的重视。

（三）领导风格缺乏开放性和民主性

一些高校的领导风格偏向封闭、权威，缺乏开放性和民主性。领导对于教师的决策参与和意见表达持较为保守的态度，导致教师在工作中缺乏积极性和主动性。这种领导风格也使得教师难以与管理层之间建立互信和合作关系，限制了教师的工作发展和创新能力的发挥。

封闭的决策过程。在一些高校中，领导对于教师的决策参与持较为保守的态度，更多地采取封闭的决策方式。领导往往在决策制定阶段没有广泛地征求教师的意见和建议，而是单方面地作出决策。这种封闭的决策过程限制了教师组织决策的参与度，缺乏对决策内容的理解和认同。

缺乏对教师意见的重视。在一些情况下，领导对于教师的意见和建议持较为保守的态度，往往很少采纳教师提出的意见。这使得教师表达意见和建议的动力减弱，缺乏对自身影响力和贡献的认同感。

缺乏开放的沟通与合作。领导风格的封闭性和权威性使得教师与管理层之间的沟通与合作受到限制。教师难以与领导建立开放、信任和合作的关系，限制了教师的工作发展和创新能力。

（四）绩效考核缺乏公正性和透明度

高校教师的绩效考核是激励机制的重要组成部分，但在实际操作中存在公正性和透明度不足的问题。一些高校的绩效考核标准和评价体系缺乏明确性和客观性，容易导致主观评价和任意性决策。在这种情况下，教师对于绩效考核结果的认可度和公正性的信任度下降，影响了教师对激励机制的满意度。

模糊的评价标准。一些高校的绩效考核标准和评价体系存在模糊性，缺乏明确的指标和量化标准。这使得教师难以准确了解自己的绩效评价标准，也导致评价结果主观化和难以衡量。教师对于绩效考核的不确定性会降低他们的积极性和工作投入度。

主观评价和任意性决策。在一些情况下，绩效考核容易受到主观评价和任意性决策的影响。评价过程中可能存在个别评委的主观偏好、人际关系的干扰等因素，导致绩效考核结果的公正性受到质疑。这会使教师对于绩效考核结果的认可度降低，对激励机制的有效性产生怀疑。

缺乏评价结果的透明度。在一些高校中，绩效考核的结果缺乏透明度，教师对于评价结果的获取和解释存在困难。这会导致教师对绩效考核的公正性产生怀疑和不满。

第四章　高校教师培训管理现状分析

第一节　高校教师培训的意义和目的

通过对大量高校教师的调查以及对高校相关部门的调研，可以知道，高校教师的培训应满足下列功能。

一、让新教师尽快进入角色

当新教师加入学校后，他们可能对学校的环境、文化和具体工作要求不太了解。入职前培训可以帮助新教师快速熟悉工作环境，了解学校的文化氛围以及自己所要承担的具体工作。这对于刚刚从学校毕业新入职的教师和来自其他高校或单位的教师都是适用的。

对于新教师而言，他们可能对教学工作的具体要求和学校的运行机制不太了解。通过培训，他们可以全面、客观地了解自己的工作环境，学习学校的教育理念、教学方法和管理制度。培训可以帮助他们掌握教学技能、教育心理学知识和班级管理等方面的基本知识和技能，从而更好地适应教学环境和应对教学工作中的挑战。

对于来自其他高校或单位的教师，他们可能面临不同学校的文化差异和工作方式的转变。培训可以帮助他们更快地适应新的学校文化氛围，并理解学校的发展目标、教学理念和管理体制。培训还可以帮助他们了解学校的教学资源和支持体系，熟悉学校的教学设施和教育技术工具，使其能够更好地发挥自己的工作能力。

高校教师培训的目的是帮助新教师尽快适应学校环境，了解学校文化和工作要求，并发挥他们的工作能力。通过培训，新教师可以快速熟悉学校的环境和文化氛围，了解自己所承担的具体工作内容和职责。培训还能够帮助新教师掌握教学技能、教育理论和方法，提高教学效果和教学质量。

二、提高教师工作效率

更新知识结构。高校教师培训提供了教师学习新知识和专业技能的机会。培训课程涵盖了学科的最新研究成果、教育教学的前沿理论和实践，使教师能够了解最新的学科发展趋势和教育改革方向。通过学习和更新知识，教师能够更好地把握教学内容和方法，开展更准确、全面和有针对性的教学。

提升教学技能。培训有助于提升教师的教学技能和方法。教师可以学习和掌握先进的教学策略、评估方法和教学资源的应用，提高课堂教学的活跃度和参与度。培训还可以提供教师专业发展的指导和支持，帮助教师发展教学创新能力和解决教学中的难题。

改善人际关系。培训为教师提供了与同事、管理者和学生进行交流和合作的机会。教师在培训中可以结识来自不同学科和背景的同行，分享经验、交流观点，并借此建立起合作伙伴关系。通过与其他教师的互动，教师可以借鉴他们的经验和教学方法，提高教学效果和工作效率。同时，培训还加强了教师与学生之间的沟通和互动，增进了彼此的理解和信任。

提升合作意识和团队精神。教师培训注重团队合作学习，通过集体讨论、小组活动和项目合作等形式，培养教师的合作意识和团队精神。培训中的合作学习可以促进教师之间的互相学习和互助，可提高问题解决的效率和质量。培训还可以培养教师之间的协作和协同能力，使教师能够更好地与同事合作，共同解决教学和管理中的问题，提高工作效率和团队绩效。

提高工作效率。通过高校教师培训，教师能够获得更多的教学和管理技能，提高自己在工作中的能力和效率。他们能够更加熟练地运用教学方法和工具，合理安排教学时间和资源，提高课堂教学的效果和吸引力。此外，培训还能够帮助教师提升管理能力，如课程设计和评估、学生管理和指导等方面，从而更好地组织和管理教学工作。

增强专业素养。高校教师培训有助于提升教师的专业素养，包括学科知识的掌握、教育理论的理解和教学方法的应用。培训可以加深教师对学科知识的理解和应用，帮助他们更好地解决学科教学中的难题和挑战。同时，培训也可以加强教师对教育理念和教学目标的认知，提高他们的教育思维和教学策略的灵活性。

促进自我成长。教师培训为教师提供了自我成长和发展的机会。通过参加培训，教师能够认识到自身的不足和发展方向，积极反思和改进自己的教学方法和工作方式。培训还可以激发教师的学习兴趣和求知欲望，促使他们进行终身学习和持续发展，不断提高自己的教学水平和专业能力。

通过培训，教师能够更新知识结构、提升教学技能，改善人际关系，增强合作意识和团队精神，从而更高效地履行教学任务和管理职责。同时，教师培训还能够提高教师的专业素养、促进自我成长，并为教师的职业发展提供支持和指导。

三、为学校造就人才

教育领域的人力资源是高校发展和提高教学质量的重要基础，而教师是教育系统中的核心力量。通过有效的培训，学校可以培养他们成为具备高水平教育能力和专业素养的优秀教师，进而为学校打造优秀的教师队伍和进行人才储备。

首先，高校教师培训有助于培养创新能力和研究素养。培训为教师提供了与同行学者交流、学术研究和教学创新的平台。通过参与培训，教师能够了解学科研究的最新动态和前沿领域，积极参与学术研究和教学改革，不断推动学科的发展和创新。培训还能够提供研究方法和科研项目管理的培训，培养教师的研究意识和研究能力，使他们能够深入开展学科研究，为学校的学科建设和学术影响力的提升做出贡献。

其次，高校教师培训还能够培养教师的领导才能和管理能力。教师培训不仅关注教师的教学技能，也关注教师的组织和管理能力。培训通过课程的设置和内容安排，培养教师的领导能力和团队合作精神。教师在培训中学习如何有效地组织和管理课堂、如何协调教学团队的合作、如何领导学生参与各种学校活动。培训还可以提供管理知识和技能的培训，帮助教师掌握人力资源管理、课程设计和学校管理等方面的知识，使其能够更好地担任管理职责和领导角色。

四、改善教师工作态度，提高稳定性

教师在工作中可能会面临各种挑战和压力，导致不满情绪的产生。通过高校教师培训，可以促进教师工作态度的改善，增强他们对学校的归属感和稳定性。

首先，教师培训可以提高教师的胜任能力和自信心。培训课程为教师提供最新的专业知识和技能，使教师能够更好地应对工作中的挑战和压力。教师通过培训学习和掌握先进的教学策略、评估方法和对教学资源的应用，能够提高自己的教学能力和专业素养。教师通过不断提升自己的教学水平，能更自信地应对教学任务和管理职责，减少工作中的不满情绪。

其次，教师培训可以帮助学校改善不良的管理方式。培训不仅仅是为教师提供专业知识和技能，也是一个反思和改进教育管理的机会。培训中的研讨环节可以促进学校管理者与教师之间的沟通和理解，使管理者能够了解教师的需求和关切点。通过培训，学校管理者可以了解和倾听教师的意见和建议，改进不良的管理方式，减少不公平和不合理的决策，从而提升教师的满意度和改善工作态度。

五、提高教师对组织创新的认识，增强高校的生命力

在不断变化的教育环境和社会需求下，高校需要不断创新和改革，以适应新的挑战和提升教育质量。而教师作为学校的核心力量，对于组织创新的认识和参与至关重要。

首先，高校教师培训可以提升教师对学校创新的认识水平。培训课程涵盖了学校创新理念、创新模式和创新实践的内容，通过学习和讨论，教师能够深入地了解创新的意义、目标和方法。教师通过培训可以了解到创新是推动学校发展的关键因素，能够认识到只有不断创新才能跟上时代的步伐和满足学生的需求。培训还可以引导教师思考如何在教学和教育管理中进行创新实践，从而提高高校整体的创新能力和竞争力。

其次，教师培训可以增强教师对高校发展与创新的自信心。创新与改革常常面临不确定性和风险，而教师作为执行者和参与者，需要具备积极的态度和自信心。通过培训，教师可以了解到创新是一个长期而复杂的过程，可能会面临各种挑战和困难，但同时也带来机遇和成就。培训中，教师可以学习成功的创新案例和经验，了解创新实践的方法和策略，从而增强教师对创新的自信心，敢于尝试和探索新的教学方法和管理模式。

最后，教师培训还可以帮助教师培养适应社会不断变化的能力和创新意识。教师在培训中不仅仅学习知识和技能，更重要的是培养教师的学习能力、适应能力和创新思维。培训课程可以引导教师积极参与学科研究和教学改革，培养教师的问题意识和创新意识，激发他们发现问题、解决问题的能力。培训可以提供创新方法和工具的培训，让教师学会运用创新思维和方法解决教学中的难题和挑战。教师在培训中还可以参与团队合作和项目实践，锻炼解决问题的能力和发展创新的思维模式。通过培养教师的创新意识和能力，学校可以构建一个积极创新的教学环境，推动教育教学的不断改善和发展。

六、让教师认可新观念

教师在学校工作的过程中，会逐渐形成与组织相适应的观念和认同，这种认同反映了学校的文化和价值观。然而，随着社会和教育的发展，学校需要进行变革以适应新的挑战和需求。这就需要打破教师原有的固有观念、接受新的观念和理念，从而推动学校的发展。

教师培训与开发在很大程度上就是为了培养教师接受和应用新观念的能力。培训课程提供了介绍新观念的平台，教师通过学习和讨论，了解到这些新观念的理论基础和实践案例。培训还引导教师思考如何将这些新观念应用于自己的教学和管理实践中，从而推动学校的变革和发展。

接受新观念对教师来说可能是一项挑战，因为它意味着必须放弃一些已经深入人心的旧观念，并且接受与之相对立的新观念。这种变革可能会对教师的工作和生活带来一定的不确定性和改变。例如，终身雇佣制的改变和绩效考核的实施可能会影响到教师的工作稳定性和评价方式。然而，这些新观念往往是为了提高学校的教育质量、适应社会需求和推动学校发展而引入的。通过培训，教师能够了解到这些新观念的价值和意义，从而更加愿意接受并应用于自己的工作中。

培训教师接受新观念的过程并不仅仅是知识传递的过程，更涉及教师对变革的心理适应和认知转变。培训可以提供与教师进行心理沟通和辅导的机会，帮助教师理解变革的目的和意义，减少变革带来的不安和阻力。培训还可以通过案例分析、角色扮演和团队合作等形式，让教师在模拟情境中亲身体验和理解新观念的应用，并通过与他人的合作与讨论，逐渐改变原有的观念和认知。

此外，高校教师培训还可以提供实践机会，让教师将新观念应用于实际教学和管理中。培训可以组织实地考察、教学观摩和实践教学等活动，让教师亲自参与并实践新的教育理念和方法。通过实践的过程，教师能够深入体验和感受新观念的效果和影响，从而更加坚定地认可和接受这些新观念。同时，培训还可以提供反馈和指导，帮助教师在实践中不断优化和改进自己的教学实践，从而更好地应用新观念。

最后，培训还可以营造积极的学习和交流氛围，鼓励教师分享经验和反思教学实践。通过教师之间的互相学习和互动，教师能够了解到观念和做法的多样性，开阔自己的思路和视野。培训中的讨论和案例研究可以促进教师之间的思想碰撞和交流，激发教师的创新思维和主动性。同时，培训还可以邀请专家学者和业界人士分享他们的经验和见解，从而拓宽教师对新观念的认识和理解。

通过培训，教师能够接受新观念的理论基础和实践案例，培养适应变革的能力和意识。培训还通过实践、心理沟通和反思等方式，帮助教师转变原有观念、应用新观念，并营造积极的学习和交流氛围。通过教师对新观念的认可与应用，高校能够更好地实现发展和创新，提升教育质量和竞争力。

七、借助教师新的行为方式和工作技能

在推动学校改进和变革的过程中，教师需要借助新的行为方式和工作技能，以适应新的工作环境和要求。这涉及教师的角色转变、工作方式的改变以及对更广泛知识和技能的熟悉。

首先，教师需要进行角色转变，从传统的知识传授者和班级管理者转变为学生导向的引导者和学习设计者。在过去，教师主要扮演的是传授知识和培养学生基础能力的角色。然而，随着教育理念的变革和教学模式的创新，教师的角色也需要适应变化。教师应该更加注重学生的学习需求和个性发展，积极引导学生参与自主学习和探究式学习。为此，教师需要学习和掌握新的教学方法和技巧，如启发式教学、合作学习、项目学习等，以开展更多样化和有针对性的教学。

其次，教师需要适应新的工作方式和流程。学校的改进和变革往往涉及教育管理和教学流程的调整。例如，学校可能引入新的课程体系、评估制度和教学技术工具。教师需要学习和适应这些新的工作方式和流程，如学习使用在线教学平台、数字化教学资源和学习管理系统等。教师还需要学会利用数据分析和评估工具来评估学生的学习成果和教学效果，以便及时调整教学策略和改进教学实践。

最后，教师需要不断拓宽自己的知识和技能领域。学校的改进和变革通常会引入新的学科、新的教育理念和新的技术应用。教师需要学习和熟悉这些新领域的知识和技能，以便更好地应对学校的发展需求。例如，学校可能推行跨学科的教学和研究项目，教师需要具备多学科合作和跨学科整合的能力。学校可能还引入新的教育技术工具和学习资源，教师需要掌握相关的技术操作和教学设计能力。因此，教师需要保持学习的态度，参加专业培训和学术研讨会，与同行交流和分享经验，参与学习社区和专业网络，不断更新自己的知识和技能。

第二节　高校教师培训的现状和问题

一、高校教师工作形塑及其影响因素状况分析

（一）高校教师工作形塑状况分析

高校教师工作形塑是指教师在高校工作环境中所受到的各种因素对其工作态度、行为

和绩效的影响和塑造。对高校教师工作形塑的状况进行分析，可以帮助学校和教师了解当前工作环境对教师的影响，发现存在的问题并采取相应的改进措施。

工作环境分析。分析高校教师所处的工作环境，包括组织文化、管理制度、学术氛围、同事合作等方面。评估工作环境的积极因素和问题，并了解它们对教师工作的影响。

职业发展支持分析。评估学校对教师职业发展的支持程度，包括提供的培训机会、晋升通道、科研资源等。分析职业发展支持对教师的激励和影响，并确定存在的问题和改进的方向。

工作负荷分析。分析教师的工作负荷情况，包括教学任务量、科研项目、行政工作等。评估工作负荷对教师的压力和影响，以及可能存在的不合理分配或超负荷情况。

绩效评估机制分析。学校对教师绩效的评估机制，包括教学评价、科研成果评估、学术声誉等。分析绩效评估机制对教师的激励和影响，以及可能存在的问题和改进的空间。

支持和资源分析。评估学校提供给教师的支持和资源，包括教学支持、科研设施、教材和教辅材料等。分析支持和资源对教师的工作质量和效率的影响，以及可能存在的不足和改进的需求。

教师满意度调查。进行教师满意度调查，了解教师对工作环境、职业发展、工作负荷、绩效评估等方面的满意度和不满意度。通过调查结果，分析教师对工作形塑的感受和体验。

综合以上分析，学校可以获得对高校教师工作形塑状况的综合了解，并发现存在的问题和改进的空间。

（二）高校教师职业认同状况分析

高校教师职业认同状况分析是评估高校教师对自身职业身份的认同程度和情感态度。以下是高校教师职业认同状况分析的一般步骤。

职业认同水平。评估教师对自身职业的认同程度和自豪感。可以通过问卷调查或面谈等方式收集教师对职业的态度和情感表达。

职业角色理解。了解教师对自身角色和职责的理解程度。包括教师对教学使命、学生培养、学术研究和社会服务等方面的认知和理解。

工作动机和满意度。评估教师对教学工作的动机和满意度。了解教师从事教学工作的内在动机，以及对工作内容、工作环境和工作条件的满意度。

职业发展意愿。了解教师对职业发展的期望和意愿。包括教师对晋升、专业成长和学术研究等方面的追求和期待。

职业发展机会。评估学校为教师提供的职业发展机会和支持。包括培训、学术交流、科研项目和教学改革等方面的机会。

通过分析高校教师的职业认同状况，学校可以了解教师对职业的态度和情感，发现存在的问题和不足，并采取相应的措施提升教师的职业认同感，增强他们的工作动力和提高他们的满意度。这可以包括改善工作环境、提供职业发展机会、加强教师支持和合作等方面的措施。

（三）高校教师职业倦怠状况分析

高校教师职业倦怠状况分析是评估高校教师在工作中可能出现的倦怠情况以及其相关影响因素的分析。以下是对高校教师职业倦怠状况进行分析的一般步骤。

倦怠维度分析。评估教师的职业倦怠在情感、认知和行为三个维度上的表现。情感倦怠包括情绪疲劳、失去热情和投入度下降；认知倦怠涉及对工作的负面态度和悲观情绪；行为倦怠表现为工作效率下降、疲惫感和工作逃避行为等。

工作压力分析。评估教师所面临的工作压力情况，包括工作任务量、时间压力、教学要求和科研压力等。分析工作压力对教师倦怠的影响程度。

工作资源分析。评估学校为教师提供的工作资源和支持，包括教学支持、科研支持、职业发展机会等。分析工作资源对教师倦怠的缓解作用。

工作满意度分析。评估教师对工作的满意度，包括教学满意度、科研满意度和职业发展满意度等。分析工作满意度与职业倦怠之间的关系。

工作支持和领导支持分析。评估学校和领导对教师的支持程度，包括教学支持、管理支持和领导支持。分析支持度对教师倦怠的影响。

职业发展机会分析。评估学校为教师提供的职业发展机会和晋升通道。分析职业发展机会对教师职业倦怠的影响。

通过分析高校教师职业倦怠状况，学校可以了解教师在工作中可能面临的压力和倦怠情况，发现存在的问题和不足，并采取相应的措施来改善工作环境、提供支持和资源，以缓解教师的职业倦怠，提升他们的工作动力和满意度。这可以包括改善工作条件、提供职业发展机会、加强领导支持和团队合作，提供心理健康支持和职业发展指导等。

二、高校教师工作形塑与其影响因素的相关分析

（一）高校教师工作形塑与职业认同的相关分析

工作形塑是指教师在高校工作环境中所受到的各种因素对其工作态度、行为和绩效的影响和塑造。职业认同是指教师对自己职业角色和职业身份的认同和接纳程度。以下是对高校教师工作形塑与职业认同相关分析的一般步骤。

工作环境与职业认同。分析教师所处的工作环境对其职业认同的影响。工作环境包括组织文化、管理制度、学术氛围和同事合作等。评估工作环境中是否存在支持教师职业认同的因素，例如积极的组织文化、合理的管理制度和良好的团队合作。

职业发展与职业认同。评估学校对教师职业发展的支持程度对其职业认同的影响。职业发展包括提供的培训机会、晋升通道、科研资源等。分析职业发展对教师职业认同的促进作用，是否存在满足教师发展需求的机会和平台。

工作满意度与职业认同。评估教师对工作的满意度与其职业认同之间的关系。分析教师对教学工作、科研工作和职业发展的满意程度，以及与其职业认同的一致性。高工作满

意度通常与较高的职业认同相关联。

领导支持与职业认同。评估学校管理层和领导对教师的支持程度对其职业认同的影响。分析领导支持、反馈和激励对教师职业认同的塑造作用，包括提供的指导、支持和认可。

同事关系与职业认同。评估教师与同事之间的合作关系对其职业认同的影响。分析同事间的合作氛围、支持和协作对教师职业认同的塑造作用。良好的同事关系可以促进教师的归属感和职业认同。

（二）高校教师的工作形塑与职业倦怠的相关分析

高校教师的工作形塑与职业倦怠之间存在着密切的关系。工作形塑是指教师在高校工作环境中所受到的各种因素对其工作态度、行为和绩效的影响和塑造，而职业倦怠则是指教师在工作中出现的情感、认知和行为的疲劳和不满。高校教师的工作形塑与职业倦怠相关分析的一般步骤。

工作环境与职业倦怠。分析教师所处的工作环境对职业倦怠的影响。不良的工作环境，例如高工作压力、缺乏支持和资源、不合理的任务分配等，可能导致教师产生情感倦怠、认知倦怠和行为倦怠。

工作负荷与职业倦怠。评估教师的工作负荷对职业倦怠的影响。过重的工作负荷、长时间的工作压力和缺乏工作平衡可能导致教师疲劳、失去热情和投入度下降，表现为情感倦怠和行为倦怠。

工作资源与职业倦怠。分析学校为教师提供的工作资源和支持对职业倦怠的缓解作用。良好的工作资源和支持，例如教学支持、科研支持、职业发展机会和领导支持，可以帮助教师应对工作压力，提高工作满意度，减少职业倦怠的发生。

自主性与职业倦怠。评估教师的自主性对职业倦怠的影响。较高的自主性可以增强教师的工作动力和提高其满意度，减少职业倦怠的风险。相反，缺乏自主性和决策权可能导致教师的失望和倦怠。

职业认同与职业倦怠。分析教师对自身职业角色和身份的认同与职业倦怠之间的关系。较高的职业认同通常与较低的职业倦怠相关联。当教师对自己的工作充满认同和价值感时，更能够保持工作动力和投入。

通过分析高校教师的工作形塑与职业倦怠的相关因素，学校可以更好地理解教师在工作中可能面临的问题和挑战，从而采取相应的措施来改善工作环境，减轻工作压力，提供适当的支持和资源，以促进教师的职业满意度和工作动力，减少职业倦怠的发生。

（三）高校教师的职业认同与职业倦怠的相关分析

高校教师的职业认同与职业倦怠之间存在着密切的关系。职业认同是指教师对自己职业角色和职业身份的认同和接纳程度，而职业倦怠则是指教师在工作中出现的情感、认知和行为的疲劳和不满。高校教师的职业认同与职业倦怠相关分析的一般步骤。

职业认同与工作动力。分析教师的职业认同对其工作动力的影响。较高的职业认同可以增强教师的工作动力和投入，激发他们对教育事业的热情和责任感。

职业认同与工作满意度。评估教师的职业认同与其工作满意度之间的关系。较高的职业认同通常与较高的工作满意度相关联。当教师对自己的工作充满认同和价值感时，更容易感到满足和满意。

职业认同与工作情感。分析教师的职业认同对其工作情感的影响。较高的职业认同可以减少情感倦怠和消极情绪的发生，提升教师的工作情感体验。

职业认同与工作认知。评估教师的职业认同与其工作认知的关系。较高的职业认同可以促进教师对工作的积极认知，增强工作的意义感和成就感。

职业认同与工作行为。分析教师的职业认同对其工作行为的影响。较高的职业认同可以促使教师更积极地参与教学、科研和职业发展活动，减少行为倦怠的发生。

通过分析高校教师的职业认同与职业倦怠的相关因素，学校可以采取相应的措施来增强教师的职业认同感，缓解职业倦怠的发生。

三、高校传统教师培训存在的问题

目前，我国高校的教师培训取得了一些成就。一方面，我国在教育培训方面的投资较以前有很大提高；另一方面，一些高校越来越重视教师的再培训。无论是投资力度还是培训体制的完善与创新都足以体现这一点。但成绩是有的，问题更不少。

（一）传统高校教师培训正面临的挑战

我国的社会环境已经发生了巨大的变化，无论是政治环境还是文化环境，使得我国高等教育所处的环境也相应地发生着变化，这就要求传统的高校教师培训模式、培训目的和培训手段做出相适应的改善，也就是说我国现阶段高校教师培训面临的挑战，主要是如何应对教育环境的改变进行培训体制改革。

1. 高等教育的普及，让教育事业进入全民化

随着教育事业的持续发展和高等教育的普及，传统高校教师培训面临着一系列挑战。这些挑战主要源于高等教育入学率的提高和教育事业进入全民化阶段。

快速增长的学生人数。随着高等教育的普及，越来越多的学生进入高校就读，导致学生人数快速增加。相应地，高等教育机构需要培养和雇佣更多的教师来满足教学需求。这对传统高校教师的培训提出了更大的需求，需要培养更多的教师，以确保教学质量和师生比例的合理性。

多样化的教育需求。随着高等教育进入全民化阶段，学生群体的多样性和教育需求的多元化成为挑战。不同学生具有不同的学习背景、兴趣爱好和学习能力，对教学的需求也各不相同。传统高校教师培训需要关注教师如何应对多样化的学生需求，提供相应的培训内容和方法，培养教师的差异化教学能力和教育创新能力。

教师培训的多样化和专业化。为了适应教育全民化的扩张，传统高校教师培训需要转向多样化和专业化的发展方向。这包括培养不同学科领域的专业教师、教育管理人员和教

育技术人员等。教师培训机构需要提供多样化的培训课程和资源，以满足不同领域和专业的教师培训需求，并促进教师的专业发展和教学能力的提升。

教育技术与教学创新。随着科技的快速发展，教育技术在高等教育中的应用越来越重要。传统高校教师培训需要加强对教育技术的培养，包括教学设计、在线教学工具和教育数据分析等方面的培训。同时，培养教师的创新意识和创新能力也是一项重要任务。教师需要具备运用教育技术进行在线教学和远程教育的能力，熟悉各种教学工具和平台，并能够利用教育数据进行教学评估和个性化教学。此外，教师还应具备教学创新的能力，不断探索新的教学方法和教育模式，以提高学生的学习效果和参与度。

教师培训的质量保障。随着教育事业的快速发展，教师培训的质量保障成为一个关键问题。传统高校教师培训需要建立有效的质量评估机制，确保培训内容以及方法的科学性和实用性。教师培训机构应该注重培训师资队伍的建设，选拔具有丰富教学经验和专业背景的培训师资，提供优质的培训资源和支持，定期进行培训效果评估和反馈，以不断提升教师培训的质量和效果。

与产业需求的对接。随着社会经济的发展和产业结构的变化，高等教育需要与产业需求对接，培养适应社会需求的高素质人才。传统高校教师培训需要关注产业的发展趋势和需求，为教师提供与产业相关的培训内容和实践机会，培养教师的实践能力和创新精神。同时，教师培训机构需要与企业、行业协会等合作，建立校企合作的机制，提供实际案例和行业导向的培训，使教师具备更好的适应能力和职业发展前景。

政策和资源支持。为了应对高等教育全民化的挑战，政府和高等教育机构需要加大对教师培训的政策和资源支持。政府应制定相关政策，鼓励高校加强教师培训，并提供财政和政策支持。高等教育机构应加强内部资源整合，建立完善的培训体系和资源共享机制，提供丰富的培训课程和学习资源。

2. 高等教育学生群体的差异性

随着高等教育学生群体的差异性增加，传统高校教师培训面临着一系列挑战。这些挑战主要源于高中毕业人数与高等教育入学人数的比率增加以及学生基数的增加。

学生群体差异的多样化。随着高等教育学生人数的增加，学生群体的差异变得更加明显。学生的学习背景、兴趣爱好、学习能力以及学习方式等方面存在着差异。教师在面对如此多样化的学生群体时，需要具备不同的教学方法和策略，以满足学生个性化的学习需求。传统高校教师培训需要关注教师如何识别和应对学生差异，提供相应的培训内容和方法，培养教师的差异化教学能力。

提高教师的教学能力。教师的教学能力是教学质量的关键。为了提高教学水平，传统高校教师培训应从教学方法入手。教师需要掌握多样化的教学方法和教学手段，以应对不同类型学生的需求。教师培训机构需要注重教师教学技能的培训，提供丰富的培训课程和资源，使教师能够灵活运用不同的教学方法，提高教学效果和学生参与度。

多样化教学手段的要求。为了满足学生群体的多样化需求，传统高校教师培训需要重视教师教学手段的多样化。教师应该掌握多种教学手段，包括讲授、讨论、案例分析、实践活动、在线学习等。教师培训机构应提供相应的培训课程和资源，帮助教师熟悉并灵活运用各种教学手段，以促进学生的深入学习和综合能力的提升。

个性化学习和差异化教学。个性化学习是满足学生多样化需求的重要方式。传统高校教师培训需要关注个性化学习的理念和实践，以提供差异化的教学。教师培训应强调差异化教学策略的培养，帮助教师了解学生的个体差异，通过个别辅导、小组合作、个性化任务等方式，满足学生的学习需求和潜能发展。同时，教师还需关注学生的学习兴趣和动机，激发他们的学习热情，提升学习效果和学习成就感。

教师专业发展和终身学习。随着学生群体差异的扩大，传统高校教师培训需要关注教师的专业发展和终身学习。教师培训机构应提供持续的专业发展机会，包括教学研讨会、学术交流、教学观摩等，以帮助教师更新知识、提升教学技能。此外，培训机构还可以提供导师制度或教学辅导，为教师提供个体化的指导和支持，促进他们的专业成长和教学能力的提升。

教师评估和反馈机制。为了适应学生群体差异的挑战，传统高校教师培训需要建立有效的教师评估和反馈机制。教师应接受学生评价、同行评估以及教学观摩等形式的评估，从而了解自身的教学效果和改进方向。培训机构可以提供相关的评估工具和培训课程，帮助教师分析评估结果并制定改进计划，以不断提高教学质量和适应学生的差异化需求。

与学科发展和社会需求的对接。传统高校教师培训还需要与学科发展和社会需求相对接。教师培训机构应与学科部门、行业企业等建立紧密的合作关系，了解学科发展的前沿动态和社会需求，及时调整教师培训的内容和方向。此外，培训机构还应与教育政策制定部门和相关教育机构合作，共同探索教师培训的创新模式和最佳实践，为教师提供更加全面和实践性的培训。

（二）传统教师培训模式表现出的问题

1. 培训观念赶不上时代要求

在当前教育事业快速发展的背景下，传统教师培训模式所表现出的问题主要是培训观念赶不上时代要求。虽然学生群体的不断扩大和多样化教育的倡导已经成为教育发展的趋势，但传统教师培训模式仍然停留在满足教师数量的阶段，培训项目有限、培训内容缺乏多样化和个性化。

第一，传统教师培训模式主要关注教师数量的培养，强调培训规模和教师数量的扩大，但对于培养教师的多样化能力和个性化教学方法的关注较少。在这种模式下，教师培训更注重知识的传授和教学技能的培养，而对于教师的创新能力、跨学科能力、教育技术应用能力等方面的培养相对较弱。

第二，传统教师培训模式中的培训项目相对较少，培训内容缺乏多样化和个性化。通常来说，教师培训以教育学理论和教学方法为主要内容，忽视了其他重要领域的培养，如教育技术应用、课程设计与评估、学生辅导与心理健康等。这种局限性导致了教师在实际教学中可能面临困难，难以满足学生的多样化学习需求。

第三，传统教师培训模式的培训观念滞后于时代要求。随着教育技术的快速发展和数字化教学环境的兴起，教师在教学过程中需要掌握与之相适应的教育技术和在线教学方法。然而，传统教师培训模式在教师教育技术能力培养方面的投入度相对不足，导致教师在教学实践中难以充分利用现代技术手段，无法实现教学内容的个性化和创新性。

2. 培训模式单调，忽略了教师的自身发展

在教师培训的发展过程中，由于追求统一化和系统化，培训活动往往按照一定的组织形式开展，忽视了教师个体的需求和自我发展的作用。这种问题导致教师培训过于理论化，与实际教学的需求和复杂性脱节，教师的能力很难满足高等院校的办学要求。

首先，传统教师培训模式的单调性是一个突出问题。培训活动往往以讲座、研讨会和课程学习为主，教师被动地接受培训内容，缺乏互动和个性化的培训方式。培训模式的单一化限制了教师在培训过程中的主动性和创造性，难以激发教师的学习热情和主动参与。此外，培训活动的内容和形式缺乏多样性和创新性，无法满足不同教师的需求和兴趣。

其次，传统教师培训模式忽视了教师的自身发展。教师在职业发展过程中需要不断学习和成长，但传统培训模式往往只注重教师的教学技能和知识的传递，忽视了教师的自我发展和专业成长。教师培训缺乏对教师个体特点、职业目标和兴趣爱好的关注，无法满足教师个体化的需求和发展方向。教师的自我发展在培训中较少被关注，这导致教师在培训结束后难以自主地进行进一步学习和发展，限制了教师在职业道路上的成长和创新能力的发挥。

再次，传统教师培训模式没有充分重视教师职业的实际需要。高等教育学校的教师面临着复杂多变的教学环境和学生群体，需要具备灵活应对的能力和全面发展的素质。然而，传统培训模式过于注重理论知识的传授，忽视了实际教学经验和实践技能的培养。教师需要具备教育创新、课程设计、评估和反馈等方面的能力，以适应不断变化的教学需求。然而，传统培训模式往往未能提供足够的机会和资源，未能使教师在实际教学中不断尝试和改进，缺乏对教师实践经验的培养和分享。

最后，传统教师培训模式的时间和资源限制也是一个问题。传统培训往往以短期集中培训为主，时间有限，无法深入探讨教学问题和个体化需求。同时，培训的资源和支持也受到限制，如教学设备、教材和教学技术的更新等方面的投入不足。这限制了教师在培训中获得更多实践机会和支持，难以将培训内容与实际教学紧密结合，限制了教师教学能力的全面提升。

3. 培训内容更新慢，培训效率上不去

在传统教师培训中，培训机构往往忽视了教育理念和职业技能的培训，过度关注专业知识的传授，导致教师的整体能力呈现出不平衡的状态。这种单一化的培训内容使得教师在教学实践中可能遇到困难，难以应对复杂多变的教学环境和学生需求。

首先，培训机构在教师培训中忽视了教育理念和职业技能的培养。教育理念是指教师

对教育目标、价值观和教育方式的认知和理解。然而，传统教师培训更注重专业知识的灌输，对教师的教育理念和教育方法的培养关注较少。这导致教师在实际教学中可能缺乏教育思想的指导，无法有效应对学生多样化的学习需求。

其次，在教师教学理论和教学技巧的培训中，缺乏及时的实践机会，存在培训理论和培训实践的脱节问题。教师在培训中学习了一定的理论知识和教学技巧，但缺乏实际教学实践的机会。这导致教师难以将培训内容与实际教学紧密结合，无法真正掌握和应用所学的知识和技能。教师在实际教学中遇到的问题往往超出了培训中所涉及的范围，缺乏实践机会也限制了教师教学能力的提升。

最后，传统教师培训模式中的培训内容更新速度较慢。教育领域不断发展，教学方法、教育技术和学科知识都在不断地更新和演变。然而，传统培训模式中的培训内容往往滞后于时代的发展，无法及时跟上教育领域的变化。教师在培训结束后可能发现所学内容已经过时，难以满足实际工作中的需求。这限制了教师在教学实践中的创新和应对复杂多变教学环境的能力。

第三节　高校教师培训的需求分析

一、培训的条件

教师培训的成功，还必须具备一定的条件加以保证。这些条件包括：

（一）高层管理者的支持

在高校教师培训的需求分析中，确定培训的条件是至关重要的，其中高层管理者的支持起着关键的作用。只有在高层管理者确信培训规划的有效性并批准该计划后，教师的培训与开发工作才能顺利进行。特别是在资金紧张的情况下，培训计划能否得到落实，更加依赖学校高层管理者对培训的决心和信心。

理解和认可培训的重要性。高层管理者需要充分理解对任课教师培训的重要性以及其对学校发展的积极影响。他们应该意识到教师培训是提高教学质量、推动教育创新和提升学校声誉的重要手段之一。通过培训，教师可以不断提升专业素养和教学能力，为学生提供更好的教育服务。

投入足够的资源。高层管理者需要为教师培训提供足够的资源支持，包括财政支持、人力支持和时间安排。他们应该确保培训计划有足够的经费来支持培训活动，为教师提供学习和发展的机会。此外，他们还应该安排适当的人员来组织和实施培训，确保培训计划的有效实施。

参与培训规划与设计。高层管理者可以积极参与培训规划和设计的过程，确保培训计划与学校的发展目标和需求相一致。他们可以提供关键的指导和建议，帮助确定培训的重点和优先事项，确保培训内容与学校的战略方向和教育政策相契合。

传达对培训的重视和期望。高层管理者应该向教师团队传达对培训的重视和期望。他们可以通过内部沟通、会议和公开场合等方式，强调培训对于提高教师素质和学校发展的重要性，并表达对教师参与培训的期望和支持。

评估与监督培训效果。高层管理者可以定期监督和评估培训效果，确保培训计划的有效性和成效。他们可以要求培训机构提供培训报告和评估结果，对培训的效果进行审查和分析。通过监督和评估，高层管理者可以及时了解培训的进展和成果，并根据评估结果进行必要的调整和改进，以提高培训的效果和质量。

建立培训的长期机制。高层管理者应该意识到培训是一个持续不断的过程，而不是一次性的活动。他们可以建立培训的长期机制，确保教师培训成为学校的常态化工作。通过制定培训规划、定期组织培训活动、提供持续的发展机会等方式，高层管理者可以促进教师的持续学习和成长，实现教师和学校的共同发展。

高层管理者的支持对于高校教师培训的顺利进行和有效实施至关重要。只有在高层管理者的支持下，培训计划才能得到落实，并取得良好的培训效果。高层管理者应理解培训的重要性，投入足够的资源，参与培训规划与设计，传达对培训的重视和期望，评估与监督培训效果，并建立培训的长期机制，从而为教师的专业发展和学校的发展提供有力的支持和保障。

（二）培训机构

在高校教师培训的需求分析中，培训机构是开展培训活动的重要条件之一。培训机构的规模、活动场所、时间安排和师资配备等因素，直接影响着培训的质量和效果。

培训资源的提供与管理。培训机构应提供丰富的培训资源，包括教材、参考资料、教具、多媒体设备等。机构需要建立资源管理系统，确保培训资源的有效利用和更新。此外，培训机构还可以积极与相关机构、专家和教育研究机构合作，拓宽资源渠道，提供更多专业、前沿的培训内容和资源。

培训评估与反馈。培训机构应建立有效的培训评估和反馈机制。通过学员满意度调查、学习成果评估和教学观察等方式，收集和分析培训效果的数据。机构可以定期与学员进行沟通和反馈，了解他们的学习体验和需求，及时调整培训方案和方法。同时，培训机构还应进行自我评估和改进，不断提升培训的质量和效果。

学员支持与咨询服务。培训机构应提供学员支持和咨询服务，帮助学员解决培训过程中的问题和困难。机构可以设立学员服务中心或提供在线咨询平台，为学员提供学习指导、解答疑问和分享经验的支持。此外，培训机构还可以组织学员交流活动、专题讲座和研讨会等，促进学员之间的互动学习和经验分享。

培训机构的管理与发展。培训机构需要建立健全的管理体系，包括组织架构、运营流程、财务管理和人力资源管理等方面。机构应注重团队建设和员工发展，培养管理人才和培训专业人员。同时，培训机构还应持续关注教师培训领域的发展趋势和需求变化，不断进行创新和改进，以适应不断变化的教育环境和教师培训需求。

（三）合格的培训师资

在高校教师培训的需求分析中，合格的培训师资是培训活动的关键条件之一。培训师资是指在教师培训与开发过程中具体承担培训与开发任务，并向受训者传授知识和技能的专业人员。

专业知识和教学经验。合格的培训师资应具备广泛的专业知识和深入的教学经验。他们应该熟悉教育理论和最新的教学方法，能够将理论与实践相结合，为教师提供准确、有针对性的培训内容。培训师资的丰富教学经验可以帮助他们更好地理解教师的需求和挑战，提供实用的教学指导。

学科专长和跨学科能力。培训师资应具备扎实的学科专长，能够为教师提供学科知识和专业技能的培训。同时，他们还应具备跨学科能力，能够将不同学科领域的知识和方法相互融合，帮助教师全面发展。具备跨学科能力的培训师资可以促进教师的跨学科教学和综合素质的提升。

教学技能和沟通能力。合格的培训师资应具备优秀的教学技能和良好的沟通能力。他们应具备清晰、简洁的表达能力，能够将复杂的概念和理论解释清楚，并能够与受训教师进行有效的互动和交流。培训师资还应具备启发式教学、引导式学习和问题解决等教学方法的应用能力，以激发教师的学习兴趣和动力。

个人素质和职业道德。合格的培训师资应具备良好的个人素质和职业道德。他们应以身作则，秉持公正、诚信的原则进行培训工作。培训师资应具备高度的责任心和敬业精神，能够充分关注教师的成长和发展，并为其提供个性化的支持和指导。

持续学习与专业发展。合格的培训师资应具备持续学习和专业发展的意识。他们应不断更新自己的知识和教学技能，关注教育领域的最新发展和趋势。培训师资可以通过参加学术会议、研讨会、专业培训课程和研究项目等形式，不断提升自己的专业素养和教学能力。同时，他们还应积极参与教学实践，不断反思和改进自己的教学方法，以提高培训的效果和质量。

反馈和评估能力。合格的培训师资应具备良好的反馈和评估能力。他们应能够及时收集和分析教师的学习成果和培训反馈，帮助教师了解自身的进步和不足之处，并提供个性化的指导和建议。培训师资还应具备设计和实施评估工具和方法的能力，以评估培训的效果和质量，并进行必要的改进和调整。

团队合作与协作能力。合格的培训师资应具备良好的团队合作和协作能力。他们应能够与培训机构的其他师资和工作人员密切合作，共同制订和实施培训计划。培训师资应能够有效地与教师群体进行合作和交流，搭建良好的师生关系，形成良好的学习氛围和团队合作精神。

合格的培训师资是高校教师培训的重要条件。他们应具备专业知识和教学经验、学科专长和跨学科能力、优秀的教学技能和沟通能力、良好的个人素质和职业道德、持续学习和专业发展的意识以及反馈和评估能力。合格的培训师资可以确保受训教师能够真正增加知识、提高技能，并有效地将培训所获得的知识、技能应用于具体的工作之中。

（四）足够的培训经费

在高校教师培训的需求分析中，足够的培训经费是培训活动的关键条件之一。

确保培训计划的全面覆盖。足够的培训经费可以确保教师培训计划的全面覆盖，包括不同学科领域的培训、专业发展课程、教学技能培训等。经费可以用于组织各类培训活动，如研讨会、研修班、讲座、工作坊等，以满足教师的不同培训需求。

支持培训资源的获得。足够的经费可以用于购买教材、参考书籍、教学软件、实验设备等培训资源，以丰富教师的学习资料和教学工具。经费还可以用于提供在线学习平台、数字化教育资源和专业数据库等，以便教师能够随时随地获取所需的学习资源。

提供专业培训师资的支持。足够的培训经费可以用于邀请优秀的培训师资，包括国内外知名教育专家、学者和教学经验丰富的教师。这样可以确保教师接受到高质量的培训和指导，提升他们的教学能力和专业素养。经费还可以用于培训师资的差旅费、讲师费用和住宿费等，以支持培训师资的参与和投入。

提供培训活动的良好环境。足够的经费可以用于提供良好的培训活动环境，包括培训场所的租赁、教室设备的更新和维护等。同时，经费还可以用于提供舒适的学习和工作条件，如茶水、餐饮服务、休息区等，以提高教师的学习体验和工作满意度。

支持培训后的跟踪和评估。足够的经费可以用于培训后的跟踪和评估活动，以了解教师培训的实际效果。经费可以支持对教师的学习成果进行评估和反馈，开展教学观摩和课堂评估等，帮助教师不断改进和提升教学能力。此外，经费还可以用于培训成果的展示和分享，如学术会议、教学研讨会等，促进教师之间的交流和互动。

支持教师参与学术活动和专业发展。足够的经费可以用于支持教师参与学术研究、学术会议、学术交流等活动，提升他们的学术水平和专业发展。经费可以用于资助教师参加国内外学术会议和研讨会的差旅费用、注册费用等。同时，经费还可以用于支持教师参加专业培训课程、进修学习等，提升他们在教育领域的专业素养和能力。

鼓励创新和实践项目。足够的经费可以用于鼓励教师参与创新和实践项目，如教育研究项目、教学改革项目等。经费可以支持教师开展教学实验、课程设计和教学资源开发等创新实践活动。这样可以激发教师的创新意识和实践能力，推动教学方法的创新和教育教学质量的提升。

足够的培训经费是高校教师培训的重要保障，它可以支持培训计划的全面覆盖、培训资源的获得、优秀培训师资的邀请、良好培训环境的提供以及培训后的跟踪和评估等。通过充分利用经费资源，学校能够为教师提供优质的培训服务，帮助他们不断增长知识、提高技能，并将所学应用于实际教学工作中。

（五）齐备的培训设施

在高校教师培训的需求分析中，齐备的培训设施是培训活动的基本条件之一。

教学设备。培训活动所需的教学设备是确保培训顺利进行的基本要素之一。包括黑板、幻灯机、投影仪、电视、音响设备等。这些设备可以用于展示教学内容、演示教学技巧和示范教学过程。它们提供了多样化的教学手段和工具，帮助培训师资有效地传达知识和技能，同时激发教师的学习兴趣和参与度。

网络传递系统。随着信息技术的发展，网络传递系统在教师培训中发挥着越来越重要的作用。齐备的网络传递系统可以支持在线学习、远程培训和教师互动交流。它为教师提供了便捷的学习和培训方式，使他们可以随时随地获取教学资源和参与学习活动。网络传递系统还能够提供在线评估和反馈机制，促进教师学习成效的提高和自我提升。

案例分析场所。培训中的案例分析是一种常用的教学方法，可以帮助教师深入理解和应用所学知识。齐备的案例分析场所可以提供适当的场地和设备，供教师进行小组讨论、案例分析和问题解决。场所应配备舒适的座位和工作区域，以便教师能够集中精力进行案例分析和合作讨论，共同探讨教学实践中的挑战和解决方案。

教学实验基地。高校教师培训常常需要提供教学实验基地，供教师进行教学实践和教学技能的训练。齐备的教学实验基地应具备适当的教学设备和教学资源，以支持教师进行实际教学操作和实验活动。基地可以模拟真实的教学环境和场景，让教师能够在实践中学习和体验，提升他们的教学能力和教学效果。

维护和更新设备。除了设备的齐备性，培训机构还需要确保设施的维护和更新。定期维护和保养设备可以确保其正常运行和处于良好状态，减少故障和损坏的风险。同时，随着科技的不断进步，教学设备也需要进行更新和升级，以适应新的教学需求和技术要求。培训机构应制订设备更新计划，并提供足够的经费用于设备的更新和升级，以确保教师培训活动能够与时俱进。

设施的舒适性和安全性。齐备的培训设施应具备良好的舒适性和安全性。教室、讲座厅等场所应提供舒适的座椅和适宜的温度，以保障教师在培训过程中的学习体验和工作舒适度。此外，培训设施应符合相关的安全标准和要求，确保教师在使用设施时的人身安全和财产安全。

灵活的设施使用安排。齐备的培训设施应具备灵活的使用安排。培训机构应根据教师培训的时间安排和需求，合理安排设施的使用时间和场地分配。灵活的使用安排可以更好地满足不同培训活动的需求，同时最大限度地利用设施资源。

设施的可持续性和环境友好性。培训机构应关注设施的可持续性和环境友好性。设施的设计和使用应考虑节能环保、资源利用和环境保护的原则。例如，采用节能设备、循环利用资源、减少废弃物的产生等措施，以降低对环境的影响，并提供可持续的培训环境。

齐备的培训设施为教师培训提供了必要的物质支持和良好的学习环境，有助于增强培训效果和促进教师的职业发展。培训机构应确保设施的齐备性、维护更新和舒适安全，以满足教师培训的需求并提升培训的质量。

（六）完整的培训工作记录

在高校教师培训的需求分析中，完整的培训工作记录是培训活动的关键条件之一。

记录培训内容和安排。完整的培训工作记录应包括培训活动的具体内容和安排。记录培训内容可以包括培训课程的主题、目标、内容大纲和教学资源等。记录培训安排可以包括培训时间、地点、持续周期等信息。这些记录可以帮助培训机构和培训师资对培训活动进行全面的规划和准备。

记录参与教师和培训师资。完整的培训工作记录应记录参与培训的教师和培训师资的相关信息。包括教师的姓名、所属学校和院系等背景信息，以及培训师资的姓名、专业领域和经验背景等。这些记录可以帮助建立参与教师和培训师资的档案，便于后续的跟踪和评估。

记录培训过程和互动情况。完整的培训工作记录应记录培训过程中的关键信息和互动情况。包括培训师资的教学方法和策略、教学活动和教学资源的使用情况，以及教师之间的互动和交流情况等。这些记录可以帮助评估培训活动的有效性和教师的参与度，为改进培训活动提供依据。

记录教师的学习成果和评价结果。完整的培训工作记录应记录教师的学习成果和评价结果。包括教师在培训过程中的学习表现、学习成果和学习反馈等。这些记录可以帮助评估教师的学习效果和培训的成效，为制订个性化的学习计划和提供个别化的指导提供参考。

记录培训反馈和改进措施。完整的培训工作记录应记录教师和培训师资的反馈意见和建议，以及培训机构对培训活动的改进措施和调整计划。这些记录可以帮助培训机构和培训师资根据实际情况进行及时的反思和调整，提升培训活动的质量和效果。记录培训反馈和改进措施可以促进持续的质量改进和提升，确保培训活动能够不断适应教师的需求和变化的教育环境。

记录问题和解决方案。完整的培训工作记录还应记录在培训过程中出现的问题和解决方案。这些记录可以帮助培训机构和培训师资识别和解决教师在学习和实践中遇到的困难和挑战。通过记录问题和解决方案，可以为教师提供实用的解决方案和支持，促进他们的专业发展和职业成长。

定期审查和总结。完整的培训工作记录应定期进行审查和总结。通过对记录的回顾和分析，可以评估培训活动的效果，发现潜在的改进空间，并为未来的培训提供经验和参考。定期的审查和总结可以帮助培训机构不断优化培训计划和提高培训质量，确保培训工作的持续改进和发展。

维护机构知识库和资料归档。完整的培训工作记录还包括维护机构知识库和资料归档。通过将培训相关的资料、教材、案例等进行整理和归档，可以建立起丰富的教师培训资源库，为今后的培训活动提供参考和支持。同时，维护机构知识库和资料归档也有助于培训机构的长期发展和经验积累。

完整的培训工作记录对于高校教师培训至关重要。它们帮助机构和教师全面了解培训的情况和效果，促进持续的改进和提升。通过准确记录培训内容、参与者、过程、反馈和改进措施等方面的信息，培训机构能够更好地管理和评估培训活动，确保教师培训的质量和可持续发展。

二、培训需求分析过程

培训需求分析是确保高校教师培训的针对性和实用性的重要过程。该过程包括需求获取、需求分析、需求评价和需求验证等步骤。

（一）需求获取

需求获取是培训需求分析的起点，旨在准确、客观地收集培训需求信息。这一阶段的方法包括员工行为观察法、问卷调查法、管理层调查法、面谈法、关键事件法、集体讨论法、测试法、资料档案收集法、以前项目评估法、业绩考核法、顾问委员会研讨法、态度调查法、趋势研究法等。通过这些方法收集到的培训需求信息为后续的需求分析提供基础。

员工行为观察法。通过观察教师的工作表现和行为，了解他们在教学过程中遇到的问题和需求。观察可以包括日常工作观察、课堂观察和教学活动观察等，通过直接观察教师的教学实践，收集到的需求信息更加真实和具体。

问卷调查法。设计并发放问卷调查给教师，让他们填写有关培训需求的问题。问卷可以包括对教师现有知识和技能的自我评估、对培训内容和形式的需求意见、对教学挑战和发展需求的描述等。通过问卷调查可以收集到大量教师的意见和反馈，帮助了解他们的培训需求。

管理层调查法。通过与学校管理层进行沟通和访谈，了解学校对教师培训的整体需求和期望。管理层在制定学校发展战略和教学目标时会有明确的需求和重点，通过与他们的交流可以获取对教师培训的指导和支持，确保培训与学校发展保持一致。

面谈法。与教师进行个别或小组面谈，深入了解他们的教学经验、教学挑战和专业发展需求。面谈过程中可以针对教师的个体情况进行深入探讨和交流，获取更加具体和个性化的需求信息。

关键事件法。通过回顾和分析过去的教学活动和事件，识别其中的关键事件和教训，从中发现培训需求。关键事件可以是教学成功案例、教学挑战和教学失误等，通过对关键事件的反思和总结，可以揭示教师的培训需求。

集体讨论法。组织教师参与集体讨论，让他们分享教学经验和意见，以及对培训内容和形式的建议。集体讨论可以促进教师之间的互动和交流，共同探讨教学实践中的问题和挑战，收集到集体智慧的培训需求信息。

测试法。通过教师的考核和评估活动，了解他们的知识、技能和表现水平。测试可以包括知识测试、技能演示、教学设计评估等，通过对教师的测试结果进行分析，可以确定他们在不同方面的培训需求。

资料档案收集法。收集和分析教师的个人档案、绩效评估报告、培训记录等相关资料，了解他们的教学背景、专业发展和培训历史。通过对资料的梳理和分析，可以获得更多关于教师培训需求的信息。

以前项目评估法。对以往的培训项目进行评估，了解教师对过去培训的反馈和需求。通过对以前项目的评估结果进行分析，可以发现培训需求的趋势和特点，为当前的培训需求分析提供参考。

业绩考核法。通过对教师的业绩考核，了解他们在教学方面的强项和需要改进的领域。业绩考核可以包括学生成绩、教学评价、教学成果等多个方面的指标，通过对教师的业绩数据进行分析，可以确定他们的培训需求。

顾问委员会研讨法。组织顾问委员会对教师培训进行研讨，获取专业意见和建议。顾问委员会成员可以包括教育专家、学者、行业代表等，他们的意见和建议可以帮助识别和确定培训需求。

态度调查法。通过调查教师对培训的态度、意愿和期望，了解他们对培训的看法和需求。态度调查可以通过问卷、讨论或焦点小组等形式进行，收集到的信息可以反映教师的态度和需求倾向。

趋势研究法。对教育领域的发展趋势和未来需求进行研究和预测，以指导教师培训的内容和方向。趋势研究可以包括教育政策的分析、行业动态的跟踪、新技术应用的研究等，通过对趋势的分析，可以预测未来教师培训的需求。

在需求获取过程中，可以根据具体情况选择适合的方法或结合多种方法进行需求获取。重要的是要确保方法的科学性和有效性，以获取准确、全面的培训需求信息。同时，需求获取过程应注重与教师的密切合作和沟通，倾听他们的声音和意见，使他们参与其中，提高培训需求分析的参与度和可行性。这样可以确保收集到的培训需求信息具有实际可行性，能够为后续的需求分析提供有价值的参考和指导。

（二）需求分析

在培训需求分析的阶段，需求分析的重点是从组织需求和个体需求这两个视角出发，对收集到的培训需求信息进行深入分析。

组织分析。组织分析关注学校整体的培训需求。这包括对学校的发展战略、教学目标和课程设置进行分析，以确定学校在教师培训方面的优先领域和重点关注的内容。通过与学校管理层的交流和沟通，了解他们对教师培训的期望和需求。同时，还可以参考学校的战略规划、教学质量评估报告和发展计划等文件，获取更全面的组织需求信息。

任务分析。任务分析关注具体岗位的培训需求。通过对教师工作职责、教学任务和专业要求的分析，确定不同岗位教师在知识、技能和能力方面的培训需求。可以通过观察和访谈教师，了解他们在实际工作中面临的挑战和需求。同时，还可以参考教学大纲、课程标准和专业发展要求等文件，获取任务分析的结果，以确定教师在具体领域的培训需求。

人员分析。人员分析关注个体教师的培训需求。通过对教师的背景、教学经验、学习动机和个人发展需求的分析，确定个体教师在不同方面的培训需求。可以通过面谈、问卷调查和个人档案分析等方法，获取个体教师的需求信息。同时，还可以考虑教师的职业发展阶段和个人目标，以确定针对性的培训需求。

绩效分析。绩效分析关注培训对教师绩效提升的影响。通过对教师的绩效评估结果和学生评价数据进行分析，了解培训对教师教学效果和学生学习成果的影响程度。绩效分析可以帮助确定哪些方面的培训对教师绩效提升最为关键，从而进一步细化培训需求。

综合分析。在收集到的培训需求信息的基础上，进行综合分析，将组织需求、任务需求、人员需求和绩效分析的结果进行综合。综合分析的目的是识别出高校教师培训的核心需求和重点领域，以便确定培训的内容和重点。

在综合分析过程中，可以使用多种工具和方法，如需求优先级排序、需求关联分析、需求决策矩阵等，以帮助确定哪些培训需求是最重要和最紧迫的。这样可以确保培训的目标与学校的战略和教学要求相一致。

此外，综合分析还需要考虑培训的可行性和可实施性。要评估培训资源的可用性，包括人力资源、财力资源、设备设施等，以确保培训计划可以顺利实施。

最终的综合分析结果将形成培训需求分析的基础，为制订具体的培训计划和方案提供指导。这些计划和方案应该对组织需求和个体需求进行平衡，并确保培训的针对性和实用性，以提升高校教师的教学能力和促进其专业发展。

需要注意的是，培训需求分析是一个持续的过程，随着学校和教师需求的变化，需要定期进行更新和调整。因此，在实施培训计划后，应定期评估培训的效果，根据评估结果对培训需求进行修订和优化，以确保培训的持续性和有效性。

（三）需求评价

在培训需求分析的阶段，需求评价是一个关键步骤，旨在确认培训需求分析的结果并确保其准确无误。

确认过程的参与者。需求评价过程涉及多个相关方，包括培训项目管理人员、教师、培训顾问委员会等。他们拥有对培训需求分析结果的重要见解和专业知识，可以对分析结果进行确认和补充。

采用多种方法进行确认。为了获得全面的确认结果，可以采用多种方法进行评价。这包括会议讨论、个别面谈、焦点小组讨论、问卷调查等方式。通过这些方法，可以收集到不同参与者的观点和意见，以验证和修正分析结果。

会议讨论。组织会议，邀请相关方参与，讨论培训需求分析的结果。会议可以提供一个集体讨论和决策的平台，在会议中，可以对分析结果进行进一步澄清、补充或修订。

个别面谈。与关键的参与者进行个别面谈，了解他们对培训需求分析结果的看法和建议。个别面谈可以提供更加详细和深入的讨论机会，了解参与者的具体需求和关注点，进一步确认培训需求分析的结果。

焦点小组讨论。组织小组讨论，邀请特定的参与者就培训需求分析结果进行深入的讨论。焦点小组讨论可以提供一个集体讨论的环境，让参与者分享意见、提出问题和建议，从而进一步完善和确认分析结果。

问卷调查。设计问卷，向相关方发送调查表，收集他们对培训需求分析结果的意见和反馈。问卷调查可以匿名收集参与者的意见，提供一个相对客观的评价方法。通过分析问卷调查结果，可以获取广泛参与者的看法和意见，从而进一步验证和修订分析结果。

综合评价结果。收集到不同参与者的意见和反馈后，需要对这些信息进行综合评价。将不同观点和意见进行整合，对培训需求分析的结果进行汇总和梳理，以形成最终的需求评价结果。

修订和调整。根据需求评价的结果和参与者的反馈，对培训需求的重点、内容和形式进行调整，以确保培训活动更加符合实际需求。

沟通和共识建立。在修订和调整过程中，积极与相关方沟通，共同建立对培训需求分析结果的共识。通过与参与者的交流，解释修订的理由和目的，确保他们理解并接受最终的需求评价结果。建立共识可以增强参与者对培训活动的支持和合作，为后续的培训实施打下良好的基础。

文档化和归档。将需求评价的结果进行文档化和归档，确保分析和修订的过程有据可查。将修订后的需求分析结果记录下来，包括参与者的意见和建议、修订的内容和调整的计划等。这些文档可以作为培训项目的依据和参考，也有助于后续的培训实施和评估。

持续评估和迭代。需求评价不是一次性的活动，而是一个持续的过程。在培训项目的实施过程中，需要不断评估和迭代培训需求，及时根据实际情况进行调整和修订。通过持续的评估和迭代，可以确保培训活动与教师的实际需求保持一致，并不断提高培训的针对性和实用性。

需求评价是培训需求分析过程中至关重要的一步，通过确认、修订和调整需求分析结果，确保培训活动与实际需求相匹配，为后续的培训奠定基础。

（四）需求验证

需求验证是在培训项目实施过程中对培训需求分析结果进行调整和修订的过程。培训需求信息的收集过程中可能存在偏差，或者学校内部发生变化，导致新的培训需求的出现。因此，在培训项目实施过程中，对培训内容、课程和时间进行灵活调整是必要的。及时的需求验证可以确保培训活动与实际需求相匹配，并保证培训的针对性和实用性。

整个培训需求分析的过程是一个循环迭代的过程，需要不断收集、分析、评价和验证培训需求信息，以逐步完善和调整培训计划。这样可以确保培训活动与学校的目标和需要相一致，并能够有效地提升教师的教学能力和专业素养。在实施培训项目的过程中，还需要根据实际情况对培训需求进行动态调整和修订，以满足不断变化的需求和挑战。

通过充分的需求获取、综合的需求分析、准确的需求评价和灵活的需求验证，高校教师培训可以更加有效地满足教师的学习需求和学校的发展需求，提升教学质量和教师的教育教学水平。因此，培训需求分析是培训活动成功实施的关键环节，需要严格执行并与实际情况相结合，确保培训的质量和效果。

三、培训需求的内容分析

培训需求的具体内容可以从两个不同的角度进行分析。根据培训需求所涉及教师的不同情况，培训需求实际上包括针对新教师进行的工作任务分析和针对在职教师进行的绩效分析两部分。根据培训需求所涉及内容的不同层次，又可将培训需求分析分为任务分析、绩效分析和组织分析三项内容。

（一）工作任务分析

对于学校中比较基础的工作，通常可以请学校内部比较有经验的人员对他们进行培训。在这种情况下，就有必要用工作任务分析法来决定工作中需要的各种技能。在工作任务分析的过程中，我们可以充分利用工作规范、职责说明书及工作任务分析表等。

工作任务分析是确定教师培训需求的重要方法之一。通过对教师的工作任务进行详细研究和分析，可以确定教师在工作中所需的各种技能和能力。下面是工作任务分析的详细步骤。

确定分析范围。首先，确定要进行工作任务分析的具体范围和任务。这可能包括不同学科领域、不同教学阶段或不同岗位的教师。明确分析的范围有助于更加准确地了解教师在不同工作任务方面的需求。

收集工作任务信息。收集与目标工作任务相关的详细信息。可以通过观察教学实践、与教师进行面谈和讨论、审查教学材料和课程大纲等方式获取信息。重点关注教师在工作中所承担的具体任务和要求，包括教学设计、教学准备、课堂管理、学生评价、教学反思等方面。

确定关键技能和能力。从收集到的工作任务信息中，识别出关键的技能和能力要求。这些技能和能力可能涉及教学方法和策略的应用、课程设计和评估的能力、学生管理和激励的技能等。根据工作任务的特点和要求，明确教师在不同方面需要具备的核心技能。

制定技能要求清单。基于确定的关键技能和能力，制定一个具体的技能要求清单。清单应包括每项技能的具体描述和要求，确保清晰明确。可以根据教学阶段、学科领域或特定岗位等进行组织，以满足不同教师的培训需求。

进行技能优先级排序。根据工作任务的重要性和紧迫性，对技能要求进行排序。确定哪些技能在培训计划中具有优先级，以确保培训计划的实施更加有针对性和有效性。

确定培训内容和方法。根据工作任务分析的结果，确定培训所需的具体内容和培训方法。培训内容应涵盖教师所需的关键技能和能力，并与其工作任务密切相关。培训方法可以包括讲座、研讨会、实际操作、案例分析等，根据教师的需求和学习风格进行选择。

制订培训计划。基于工作任务分析的结果和确定的培训内容和方法，制订具体的培训计划。培训计划应明确培训的目标、内容、时间安排和参与教师等细节，确保培训的有序进行。

实施培训计划并评估效果。根据制订的培训计划，进行培训活动的实施。培训结束后，对培训效果进行评估，以确定培训计划的有效性和教师的学习成果。评估结果可以为进一步的培训改进和调整提供依据。

通过工作任务分析，可以全面了解教师在工作中所需的各种技能和能力，并为制订针对性的培训计划提供指导。同时，也可以帮助学校更好地安排教师培训资源，提高培训的效果和影响力。因此，在高校教师培训需求分析中，工作任务分析是一个重要且必不可少的步骤。

（二）绩效分析

在高校教师培训需求分析中，绩效分析是一项重要的内容分析方法。通过对教师当前工作绩效与要求工作绩效之间的差距进行评估，可以确定是否需要通过培训来缩小这种差距。

评价教师的工作绩效。首先，对教师的工作绩效进行评价。这可以通过教学评估、学生评价、教师自我评估、同行评审等多种方式来实现。评价的目的是了解教师在教学和学生指导方面的表现，包括教学效果、学生满意度、教学方法的应用、课程设计和评估等方面。

确定问题所在。通过绩效评价，确定教师工作中存在的问题和不足之处。这可以包括教学能力的缺乏、对教学标准的不了解、教学态度存在问题、缺乏支持和资源等。通过确定问题所在，可以更加具体地确定培训的重点和目标。

分析原因和需求。对问题的原因进行分析，确定是能力不足还是不了解绩效标准等导致的。这可以通过与教师的面谈、讨论和观察教学实践等方式来获取信息。此外，还可以参考教师的教学材料、课程设计和教学反思等文档资料，进一步了解问题的本质和背景。

考虑成本收益。在决定是否进行培训之前，需要考虑对教师进行培训投资的成本和预期的收益。这包括培训的时间、资源、费用等方面的考虑。同时，还需要评估培训对教师工作绩效的预期改进和影响，以确定培训的必要性和可行性。

确定培训需求和目标。基于绩效分析的结果，确定教师的培训需求和培训目标。根据问题的本质和原因，确定需要提升的具体技能和能力，以及培训的内容和方向。培训需求和目标应该与教师的工作任务和职责密切相关，以确保培训的针对性和实用性。

制订培训计划和方案。根据确定的培训需求和目标，制订具体的培训计划和方案。这包括确定培训的内容、形式、时间、地点、培训师资等方面的安排。培训计划应根据教师的需求和目标进行量身定制，确保培训的有效性和可操作性。

实施培训。根据制订的培训计划和方案，开始实施培训活动。培训可以采用多种形式，包括培训课程、研讨会、工作坊、实践活动等。培训内容应与教师的具体需求和目标紧密匹配，以提升其工作能力和绩效。

评估培训效果。在培训结束后，进行培训效果的评估。可以通过教师的自我评价、同行评价、学生评价等方式来了解培训对教师绩效的影响和改进程度。评估的结果可以帮助评估培训的有效性，并为未来的培训提供参考和改进建议。

持续支持和跟进。培训并不是一次性的活动，而是一个持续的过程。为了确保培训的持续效果，需要提供持续的支持和跟进。这可以包括提供后续咨询和指导、分享最佳实践、建立反馈机制等。通过持续支持和跟进，可以帮助教师将培训所学应用到实际工作中，并持续提高其工作绩效。

总结和调整。根据培训的评估结果和反馈意见，对培训计划和方案进行总结和调整。及时总结培训的成功经验和不足之处，并根据实际情况进行改进和调整，以提高培训的效果和质量。

绩效分析在高校教师培训需求分析中的重要性不言而喻。通过评价教师的工作绩效、分析问题所在、考虑成本收益、确定培训需求和目标、制订培训计划和方案、实施培训、评估培训效果，并提供持续支持和跟进，可以实现教师的持续发展和提升其工作绩效的目标。

（三）组织分析

组织分析在高校教师培训需求分析中具有重要作用，它帮助学校在给定的经营战略框架下决定相应的培训方案，并提供可利用的资源以及管理者和同事对培训活动的支持。组织分析主要涉及以下步骤和方法。

分析学校的经营战略。对学校的经营战略进行分析，了解学校的使命、愿景和目标，以及对教师培训的整体要求和期望。学校的经营战略通常基于教育理念、教学模式和发展方向而制定，通过分析战略可以确定教师培训在整体发展中的定位和重要性。

确定培训的资源需求。根据学校的经营战略，确定教师培训所需的资源。这包括人力资源、财务资源、物资设备、培训场地等。分析学校现有的资源情况，评估是否满足教师培训的需求，确定是否需要增加或调整资源配置，以支持培训的顺利进行。

评估管理支持和同事支持。分析学校管理层和同事对教师培训的支持程度。了解学校管理层对培训的重视程度、是否提供相应的支持和资源，以及同事之间的合作和协作情况。管理层的支持和同事间的合作是促进教师培训顺利进行的关键因素，通过评估支持程度，可以确定培训实施的可行性和可持续性。

分析培训资源的可利用性。评估学校内部可利用的培训资源，包括专业培训师资、培训设施、教学材料等。了解学校内部是否有具备丰富教学经验和专业知识的培训师资，是否有适合进行培训的场所和设备，以及是否有相关的教学材料和工具。通过分析可利用的资源情况，可以确定培训的具体形式和可行性。

确定培训需求的优先级和重点。基于学校的经营战略、资源情况和支持程度，确定教师培训需求的优先级和重点。根据任务分析和人员分析的结果，确定哪些教师培训需求是最紧迫和重要的。这可以涉及教师的专业知识和技能的提升、教学方法的改进、课程设计和评估的能力等。根据优先级和重点，为每个培训需求制订具体的目标和行动计划。

制订培训计划和方案。基于分析结果，制订具体的培训计划和方案。考虑到学校的经营战略、资源情况和支持程度，确定培训的目标、内容、形式、时间安排和评估方法等。培训计划和方案应与学校的战略目标和教育需求相一致，以确保培训的有效性和可持续性。

整合资源和支持。将培训计划和方案与可利用的资源和支持进行整合。协调教师培训师资的安排、预订培训场地、准备教学材料和设备等，确保培训活动的顺利进行。与学校管理层和同事进行沟通和合作，获得他们对培训活动的支持和参与。

实施培训活动。根据制订的培训计划和方案，组织和实施教师培训活动。包括培训课程的授课、提供培训材料、组织培训讨论和实践活动等。在培训过程中，根据教师的反馈和评估结果进行调整和改进，以确保培训的有效性和适应性。

总结与反馈。根据培训评估结果，总结培训活动的效果和经验，并向相关人员和部门提供反馈。通过总结和反馈，可以及时发现问题和改进机会，促进教师培训的不断提升和创新。

组织分析在高校教师培训需求分析中扮演着关键角色。通过对学校的经营战略、资源情况和支持程度进行分析，可以确定适应学校发展需求的培训方向和重点。同时，组织分析还能帮助学校整合可利用的资源和支持，以确保培训活动的顺利进行。通过制订具体的培训计划和方案，组织和实施培训活动，并评估培训效果，学校能够提升教师的专业能力和教学质量，实现教育目标。

第五章　高校教师职业倦怠的预防设计

第一节　培训设计的原则和流程

一、培训计划的制订原则

（一）战略性原则

教师培训是学校管理的重要一环，必须纳入学校的发展战略之中。因此，学校在组织教师培训时，一定要从学校发展战略的视野去思考培训问题，使教师培训工作构成学校发展战略的重要内容。

第一，教师培训计划应与学校的愿景和战略目标保持一致。学校的发展战略通常包括提高教育质量、培养创新能力、促进学科建设、推动学校国际化等方面的目标。因此，教师培训计划应以这些目标为导向，通过培养教师的专业素养、教学能力和创新意识，为学校的发展战略提供支持和推动。

第二，教师培训计划应关注学校的优势学科和重点领域。学校在特定学科或领域可能具有独特的优势和专长，因此，教师培训计划应重点关注这些领域的培养和发展。通过提供与优势学科相关的专业知识和教学方法的培训，学校能够进一步提高这些学科的实力和影响力，提升教师的专业水平和学科竞争力。

第三，教师培训计划应与学校的教育改革和创新密切结合。随着教育理念和教学模式的不断更新，学校需要进行教育改革和创新，以适应社会的需求和变化。教师培训计划应重点关注这些新的教育改革和创新方向，培养教师的创新能力、教育技术应用能力和学科整合能力。通过将教师培训与学校的教育改革和创新紧密结合，学校能够推动教学方法的改进和创新，从而提升教育质量和教学效果。

第四，教师培训计划还应注重跨学科和终身学习的理念。现代教育领域呼唤跨学科的合作和综合素养的发展，因此，教师培训计划应鼓励教师进行跨学科的学习和终身学习。教师培训计划应提供多样化的学习机会，包括跨学科研讨会、学术交流活动、国际合作项目等，以促进教师的学科交叉和综合素养的提升。同时，教师培训计划应强调终身学习的理念，鼓励教师在职业生涯的不同阶段持续学习和专业发展，以适应教育领域的变化和挑战。

（二）长期性原则

教师培训是一项长期的投资和过程，需要学校对人力、物力和时间的持续投入。培训的效果可能需要一定的时间才能显现，并且教师在实际工作中逐步应用所学知识和技能，才能产生持续的影响和改进。

首先，教师培训计划应注重培养教师的持续学习和发展能力。教师培训不仅仅是为了提供短期的技能培训，更重要的是培养教师的学习意识和自我发展能力。学校应鼓励教师进行终身学习，提供持续的学习机会和资源，使教师能够不断更新知识和教学理念，以适应教育领域的变化和创新。

其次，教师培训计划应考虑到培训的渐进性和系统性。教师培训应该是一个渐进的过程，通过不同层次和阶段的培训课程，逐步提升教师的专业素养和能力。培训内容应具有系统性，将不同领域的知识和技能有机地结合起来，形成完整的培训体系。这样的长期和系统性的培训可以帮助教师建立扎实的专业基础，提高教学水平和创新能力。

再次，教师培训计划应关注教师在实践中的应用和反思。培训仅仅提供理论知识和技能是不够的，教师还需要将所学应用到实际的教学和管理中，并不断地进行反思和改进。学校可以通过实践教学、案例研讨、教学观摩等方式，促进教师在实践中的学习和成长，帮助教师将培训内容与实际工作相结合。

最后，教师培训计划应建立有效的评估机制。学校应定期评估教师培训的效果和影响，了解教师在工作中的变化和进步。通过评估，学校可以及时调整培训计划的内容和方式，确保培训的有效性和持续改进。

学校应意识到教师培训是一个长期的投资，需要持续的支持和持久的努力。通过注重教师的持续学习和发展能力、培养渐进性和系统性的培训、关注实践应用和反思，以及建立有效的评估机制，学校能够确保教师培训的长期性和持续性，推动教师的专业成长和学校的整体发展。

（三）按需培训原则

按需培训原则强调根据教师的工作性质、任务和特点，有针对性地设计和实施培训计划，以满足不同教师的需求和提升其能力水平。

首先，按需培训原则要求根据教师的工作需要进行培训。不同教师在学校中承担的角色和任务各不相同，因此，培训计划应根据不同教师的工作性质和需求进行精准定制。例如，学校的管理人员可能需要接受领导力培训、团队管理培训等，以提升其管理能力和组织能力。而新进校的教师可能需要接受教学基本知识和技能培训，以适应教学工作的要求。因此，培训计划应针对不同教师的具体工作需求进行设计，确保培训内容的实用性和针对性。

其次，按需培训原则要求区别对待不同教师的文化水平、职务和要求。教师群体的文化水平和职务差异较大，他们所面临的需求和挑战也不尽相同。因此，培训计划应充分考虑到这些差异，并根据不同教师的特点和需求进行差异化培训。对于已具备一定教学经验和专业知识的教师，可以提供高级教学方法、课程设计和评估技巧等培训，以进一步提升其教学能力和专业水平。对于初级教师或教学新手，可以提供教学基础知识、教学技能和教育心理等方面的培训，以帮助他们快速适应教学工作。

再次，按需培训原则还强调根据教师的个体差异进行个性化培训。每个教师都具有不同的学习风格、兴趣爱好和专业发展目标，因此，培训计划应灵活多样，允许教师根据自身需求来选择适合的培训课程和学习方式。学校可以提供多种培训形式，如研讨会、工作坊、在线课程等，以满足教师的个体化需求。同时，培训计划也可以提供个性化的辅导和指导，帮助教师在培训过程中解决个人面临的问题和困惑。

最后，按需培训原则还要求培训计划与教师的职业发展和个人目标相匹配。教师在职业发展过程中会有不同的阶段和目标，培训计划应考虑到教师的职业发展需求，为他们提供相应的培训机会和资源。例如，学校可以设立不同层次和专业的培训课程，以帮助教师提升专业技能、拓展教学研究领域、获得教育管理资质等。这样，教师可以在培训过程中不断发展自己的职业能力，实现个人的职业目标和成长。

通过根据教师的工作需要、个体差异和职业发展目标，有针对性地设计和实施培训计划，可以提升教师的专业素养和能力水平，促进他们在教学和管理方面的成长与发展。这将有助于提升学校的整体教育质量和发展水平。

（四）实践培训原则

实践培训强调将培训过程中的观念、理论与实际操作相结合，为参训教师创造实践的条件和机会，使其通过实践提高工作能力和应用知识的能力。

首先，实践培训原则要求在培训课程中加强实践环节的设置。传授理论知识只是教师培训的第一步，而真正的提高和发展需要通过实践来实现和巩固。因此，培训课程应该设计实践环节，例如实验实践、教学案例分析、教学设计和实施等。通过参与实际操作和实践活动，教师能够将所学知识与实际工作相结合，提高对知识的理解和应用能力。

其次，实践培训原则要求提供实践机会和场景。培训过程中应创造适合实践的环境和条件，为参训教师提供实践机会和实际操作的场景。这可以通过实践教学实验室、校内实训基地、实地考察等方式实现。例如，对于教学技能的培训，可以组织模拟教学、微教案演示、观摩教学等活动，让教师能够亲身参与并实践所学的教学方法和技能。

再次，实践培训原则要求将培训与教师的实际工作相结合。培训内容和实践活动应与教师的实际工作密切相关，能够直接应用到教学和管理实践中。培训计划可以通过分析和解决实际问题、模拟真实场景、组织实际项目等方式，帮助教师将培训内容与实际工作相结合，提升实际操作的能力并增强应用效果。

最后，实践培训原则还要求提供及时的反馈和指导。实践过程中，参训教师应得到及时的反馈和指导，帮助他们认识和理解自己的实践行为，发现问题并加以改进。教师可以通过实践中的观察、评估和反思，不断完善自身的工作能力和教学方法。

（五）多样性培训原则

高校教师培训计划的制订原则之一是多样性培训原则。这一原则的重点是根据教师的个体差异和工作需求，提供多样化的培训方式和方法，以满足不同教师的培训需求和促进他们的全面发展。

首先，多样性培训原则要求提供多样化的培训方式。学校可以采取不同的培训方式，如脱岗培训、在职培训、长期进修等，根据教师的具体情况和需求选择合适的培训方式。脱岗培训可以让教师脱离工作岗位参与培训活动，专注于学习和提升能力。在职培训可以在教师工作期间进行，使教师能够将所学知识直接应用于实际工作中。长期进修可以为教师提供更深入的学习和研究机会，以提高专业水平和学术能力。通过提供多样化的培训方式，学校能够满足不同教师的时间安排和学习需求。

其次，多样性培训原则要求采用多样化的培训方法。培训方法包括请专家讲授、老师示范、教学实习等。请专家讲授是通过邀请专业人士或学者为教师传授知识和经验、提供专业的指导和培训。老师示范可以通过模拟教学、教学演示等方式展示优秀的教学实践，让教师学习和借鉴。教学实习可以提供实际教学的机会，让教师在实践中学习和成长。通过采用多样化的培训方法，学校能够满足教师不同的学习风格和需求，提供更具体、实用和有效的培训体验。

再次，多样性培训原则还要求关注个体差异和个性化培训。每个教师都有自己的学习特点、兴趣爱好和专业发展目标。学校应该重视个体差异，提供个性化的培训方案，以满足教师的个体需求和潜能发展。个性化培训可以包括根据教师的特点和需求进行定制化培训内容和课程，提供选择性的培训项目，让教师根据自身的兴趣和需求选择适合自己的培训课程。此外，学校还可以提供个体化的辅导和指导，针对教师个体的优势和发展需求进行专门的培训和支持。

最后，多样性培训原则还要求鼓励教师的跨学科学习和专业交流。教师不仅需要在自己的专业领域进行深入学习和发展，还应具备跨学科的能力和知识。学校可以组织跨学科的研讨会、工作坊和交流活动，为教师提供广泛的学科交流和合作机会。通过跨学科的学习和交流，教师能够拓宽自己的视野，获得新的思维方式和创新思路，提升教学和研究能力。

（六）个人与学校共同发展的原则

教师通过培训，学习和掌握新知识和技能，提高个人的管理水平，有利于个人职业的发展。作为学校运营的重要组成部分，教师培训也是调动职工工作积极性、改变教师观念、提高高校教师的凝聚力的一条重要途径。因而有效的教师培训，会使教师和学校共同受益，促进教师和学校共同发展。

首先，教师通过培训可以学习和掌握新知识和技能，提高个人的专业水平和教学能力。教师培训提供了学习和进修的机会，帮助教师更新教学理念、掌握先进的教学方法和技术、提高教学效果和学生的学习成效。通过培训，教师能够不断提升自身的专业素养和能力，提高个人的竞争力和职业发展前景。

其次，教师培训可以改变教师的观念和认知，促进教育理念的更新和创新。培训课程提供了思想交流和知识共享的平台，教师可以与其他教师、专家和学者进行深入的讨论和交流，拓宽视野，开拓思维。通过与他人的互动和交流，教师能够重新审视和调整自己的教育观念和方法，促进教育教学的创新和改进。

再次，教师培训可以提高高校教师的凝聚力和积极性。培训计划表明学校对教师的关注和支持，能够激发教师的积极性和工作动力。培训可以满足教师个人的学习需求和职业发展期望，提高教师的工作满意度和归属感。同时，培训也为学校提供了机会，通过提升教师的专业能力和综合素质，提高学校的教育质量和声誉，增强学校的竞争力和影响力。

最后，教师培训可以促进教师和学校的共同发展。学校可以根据教师的培训需求和学校的发展战略，制订有针对性的培训计划，提供支持和资源，帮助教师不断提升能力，更好地适应学校的发展需求。教师通过培训提高了专业能力和教学水平后，能够更好地履行自己的教学职责，为学校的教育质量和学生成长做出积极贡献。教师的专业发展与学校的发展密不可分，通过培训使得教师的个人成长和学校的整体发展相互促进，形成良性循环。

个人与学校共同发展的原则强调教师培训对教师个体和学校的双重影响。通过提高教师的专业能力和教学水平，培训可以促进教师个人的职业发展和教师的凝聚力。同时，教师培训也为学校提供了机会，通过提升教师的专业能力，来推动学校的教育质量和声誉的提升。通过个人与学校共同发展的原则，培训能够促进教师和学校的共同成长，实现教育教学的持续发展和进步。

（七）反馈与强化培训效果的原则

在培训过程中，要注意对培训效果和结果的强化。反馈的作用在于巩固学习技能、及时纠正错误和偏差。反馈的信息越及时、准确，培训得越好。强化是结合反馈对接受培训人员的奖励和惩罚。不仅应在培训结束后马上进行这种强化，还应该在培训之后的岗位工作中对培训的效果给予强化。

首先，反馈在教师培训中起着重要的作用。及时、准确的反馈可以帮助教师了解自己的学习进展和表现，发现存在的错误和偏差，并及时进行调整和改进。反馈可以来自培训师、同伴的评估和观察，也可以通过教学实践、案例分析和反思等方式进行。通过反馈，教师可以更好地了解自己的学习情况，提高对所学知识和技能的掌握程度，并及时纠正和改进不足之处。

其次，强化是培训效果的重要保障。强化是指通过奖励和惩罚等方式，对接受培训的人员进行激励和引导，以巩固学习成果和促进培训效果的实现。在教师培训中，强化可以包括及时给予表扬和奖励，为表现优秀的教师提供晋升和发展机会；同时，对于存在问题和不足的教师，可以提供额外的辅导和支持，帮助其改进和提升。强化应该在培训结束后进行，也应在培训之后的岗位工作中持续进行，以确保培训的效果能够持久地体现在实际工作中。

再次，强化也可以通过建立激励机制和提供持续的专业发展机会来实现。学校可以设立教师岗位晋升和评优制度，为教师提供发展空间和激励措施，激发其学习动力。学校还可以建立专业发展计划和培训轨迹，为教师提供持续的学习和发展机会，使其能够不断提升专业素养和教学能力。

最后，反馈与强化培训效果的原则在高校教师培训中具有重要意义。通过及时的反馈和恰当的强化措施，可以促进教师学习成果的巩固，并将所学知识和技能有效地应用于教学实践中，从而提高教师的教学能力和工作表现。同时，通过建立激励机制和提供持续的专业发展机会，可以激发教师的学习动力和职业发展动力，促进其持续学习和成长。这种反馈与强化的循环机制，不仅有助于教师个人的发展，也能够增强学校的教师团队凝聚力和整体素质，促进教师与学校的共同发展。

二、高校培训的工作流分析

人员培训工作流系统主要是提供一个协同办公的高效服务。包括维护课程信息、维护培训计划、申请参加培训、审核培训申请、请求变更本次申请等模块。

（一）课程信息的维护

课程信息的维护是高校教师职业培训工作流中的重要环节。通过维护和管理课程信息，可以确保培训活动的顺利进行，教师能够了解和选择适合自己需求的培训课程。下面是对课程信息维护的详细扩写，包括课程分类信息、课程基本信息和课程技能集等。

1. 课程分类信息的维护

为方便维护和查找课程信息，课程可以进行多级分类。在课程信息维护系统中，管理员可以创建和管理不同的课程分类，如学科分类、教学方法分类、教育理论分类等。每个分类下可以添加具体的课程，并与相关的基本信息和技能集关联起来。这样可以使课程信息更加有序和可管理，方便教师和管理员进行查找和筛选。

2. 课程基本信息的维护

课程基本信息包括课程名称、课程介绍、授课人员等。管理员可以通过维护系统，添加和更新课程的基本信息。课程介绍应包括课程的目标、内容、教学方法、学时等，以便教师能够全面了解课程的特点和要求。同时，管理员还可以指定授课人员，确保培训活动由合适的专家或资深教师进行。

3. 课程技能集的维护

课程技能集是指参加课程培训的教师需要具备的技能要求，以及培训结束后能够提升到的技能水平。在维护系统中，管理员可以明确指定每个课程所需的技能要求和目标。这可以帮助教师选择适合自己发展需求的课程，并确保培训的针对性和有效性。同时，管理员还可以记录培训结束后预期达到的技能水平，以便教师和管理层对培训效果进行评估和反馈。

4. 课程申请和参加

在课程信息维护系统中，教师可以查看和评估不同课程的相关信息，包括课程介绍和技能要求。根据自身的技能水平和发展需求，教师可以决定是否申请参加某个课程培训。系统应提供申请功能，教师可以提交培训申请，并等待审批。管理层可以根据教师的申请和绩效情况，对申请进行审核和批准。一旦教师的培训申请获得批准，他们可以被安排参加相应的课程培训。

5. 课程时间和地点安排

在课程信息维护系统中，管理员可以安排课程的时间和地点。这包括确定培训的具体日期、时间段和地点，以便教师能够合理安排自己的时间和参加培训。管理员还可以在系统中发布培训日程表，让教师提前知晓培训安排。

6. 培训反馈和评估

课程信息维护系统可以记录教师参加培训后的反馈和评估信息。教师可以在培训结束后提交对课程的评价和反馈，包括培训内容的质量、教学方法的有效性等。管理员可以根据这些反馈对培训进行改进和优化，提高培训的质量和满意度。

7. 培训证书和记录

课程信息维护系统还可以生成培训证书和记录。一旦教师完成培训，系统可以自动生成相应的培训证书，记录教师参加培训的相关信息和成绩。这可以作为教师个人发展的证明，并用于日后的职称评定和职业发展。

8. 数据分析和报告

课程信息维护系统可以提供数据分析和报告功能，以便管理层对培训活动进行监控和评估。管理员可以根据系统记录的数据，生成培训活动的统计报告，包括培训覆盖率、参与教师的情况、培训成效等。这可以帮助管理层了解培训工作的情况，作出相应的决策和改进措施。

通过课程信息的维护，高校教师职业培训工作能够更加高效和有序。教师能够便捷地了解和选择适合自己需求的培训课程，而管理层能够监控和评估培训活动的质量和效果，提升教师的教育水平并促进其职业发展。同时，课程信息维护系统也为学校提供了宝贵的数据和报告，为决策提供参考依据。

（二）培训计划的维护

一个完整的培训计划需要包含课程信息、课程提供者、联系人、培训目标、参与人数、费用、时间和地点等关键信息。此外，每个培训计划都是独立的，即使是相同的课程培训，也可能因性质不同而具有不同的安排。例如，对于 NET 课程，可以安排针对普通学员和专业教师的两个不同培训计划，分别在校内培训中心和外部培训机构进行。

在培训计划的审批过程中，不同规格的申请需要经过不同的审核路线。一般而言，较简单的申请可能只需要通过系统或院级的审核即可，而较复杂的申请可能需要经过学校培训委员会或校人事处的审批。因此，每个培训计划需要有相应的审批策略信息，明确申请应由哪些具体职位的人员进行审核。

在申请单被批准后，培训计划的修改请求也需要经过审核。在培训开始之前，申请人可能因多种原因提出修改请求，而每个修改请求都会对培训计划和预算产生影响。例如，请求置换参加另一培训、置换申请人或取消本次申请。对于不同的修改请求，其影响也不尽相同，可能涉及培训计划人数、费用等方面的变动。因此，每个修改请求都需要经过相应的审核流程，并根据不同的审核结果进行相应的处理。

总结起来，培训计划的维护工作流包括以下四种流程：第一，普通申请流程。申请人提交培训计划申请，包括基本信息和培训需求；第二，审批流程。根据培训计划的性质、费用和参与人数等因素，设定相应的审批流程，明确审核人员、审核顺序和审核结果；第三，修改审核流程。对已批准的培训计划进行修改请求时，可根据不同的修改类型设定相应的审核流程，确保修改的合理性和影响分析；第四，审批策略管理。每个培训计划的审批策略信息中包含四种策略，分别对应上述四种流程，用于指导和确定培训计划的审核方式和流程。

通过以上的工作流分析，可以确保高校培训计划的顺利进行。

（三）参加培训的申请

在高校培训的工作流中，参加培训的申请是一个重要的环节。用户可以通过系统提交还未开始的培训计划的参加申请。

1. 培训类型

内部培训部门提供的培训。由学校的培训部门提供，包括学校相关制度的培训、基本社会能力的培训或校级专家讲座等。教师可以通过提名或直接申请参加。相关费用只包括课程费用。

外部课程提供者提供的培训。由国内的课程提供者提供，例如知名培训机构新东方学校等。主要包括各种工作技能和能力培训。参加者需要支付课程费用以外的其他费用，如注册费、会员费、考试费等。

海外培训。学校推荐教师参加国外的特殊培训或学术会议等。主要涵盖各种工作技能和能力培训。除课程费用外，还包括行李托运补助、交通补助、伙食补助、服装补助等各种补助费用。

2. 培训计划的限制

培训计划设定了参加人数的限制，每提交一个申请单，相应培训计划的剩余申请人数会减少一个。当剩余申请人数为零时，不能再提交该培训计划的申请。重复申请同一培训计划是不允许的，除非之前的申请被拒绝或失败。

通过以上整理的信息，教师可以根据自己的需求和意愿选择适合的培训类型并提交申请。系统会根据培训计划的限制和申请情况进行相应的处理和调整，以确保培训计划的参与人数和申请人数的准确性和合理性。这样可以有效管理和控制高校培训计划的参与申请数量，确保培训资源的合理分配和利用。

（四）培训申请的审核

教师成功提交培训申请后，启动了培训申请的审核流程。该流程根据四种流程中的一种进行，申请单将被转移到其他教师处等待审批。下面是对培训申请的审核流程的详细整理：

1. 提交申请

教师成功提交培训申请后，申请单进入审核流程。

申请单首先会提交给教师的直接上级进行审批。

2. 审批流程

根据对应培训计划的审批策略，申请单依次提交给相应的审核人进行审批。

若有职位上的空缺，则申请单会进入请假审批流程中的下一个节点，移交给下一个审核人进行审批。

当不再有下一个审核人时，即可判断所有审核人已批准，申请流程跳至批准节点，并向申请人发送批准消息，结束此次流程。

3. 拒绝流程

申请单也可以被拒绝，任何一个审核人在审批前做出拒绝意见时，申请流程会直接跳至拒绝节点，并向申请人发送拒绝消息，结束此次流程。

4. 修改申请

在任何一个审核人审批之前（包括批准和拒绝），申请人可以对申请单进行修改。

可以修改申请原因和申请备注，但其他信息不允许修改。

申请人还可以选择撤销当前申请，重新提交新的申请。

5. 批准后修改

一旦有一个审核人批准了申请单，则不允许再进行修改。

只有在申请单被批准后，申请人才可以提出各种修改申请。

通过以上整理的信息，培训申请的审核流程包括提交申请、审批流程、拒绝流程、修改申请和批准后修改。这样的流程安排可以确保申请单经过逐级审核，并根据审批结果进行相应的处理和通知，以保证培训申请的及时处理和合理管理。

（五）申请变更

在培训计划批准后、培训开始之前，可能会出现突发事件或冲突，导致原申请人无法按计划参加培训。在这种情况下，原申请人可以提出申请变更，包括取消本次申请或推迟培训至下一次课程。

1. 取消本次申请

在培训计划批准后、培训开始之前，原申请人由于突发事件或其他原因，决定放弃本次培训机会或推迟培训。

原申请人向相关管理人员提出取消本次申请的请求。

2. 取消请求审批

取消请求提交后，申请单进入取消请求审批流程。

相关管理人员对取消请求进行审批，根据审批结果进行处理。

3. 取消请求批准

若取消请求被批准，申请单释放对培训计划的占位，本次申请成功取消。

培训计划的剩余名额增加一个，申请单为已成功取消请求的状态。

4. 取消请求拒绝

若取消请求被拒绝，申请单恢复到提交取消请求前的状态，本次取消请求失败。

培训计划的名额不受影响，仍然保留原申请人的参与名额。

通过以上整理的信息，申请变更涉及取消本次申请的请求。该请求会经过相应的审批流程，最终决定是否批准取消本次申请。若取消请求被批准，申请单释放对培训计划的占位，本次申请成功取消；若取消请求被拒绝，申请单恢复到提交取消请求前的状态，本次取消请求失败。这样的流程安排能够确保对申请变更的请求进行逐级审批和合理处理，保障培训计划的及时调整和管理。

第二节　培训内容和方法的设计

为了预防高校教师的职业倦怠，培训机构可以设计适当的培训内容和方法，以帮助教师提升工作动力和满意度。

一、职业发展规划

通过培训内容和方法的设计，可以帮助教师制订个人的职业发展规划，并为其提供相关的知识和技能，以增强其职业动力和满意度。在职业发展规划的培训内容中，可以包括以下方面。

职业目标设定。教师可以学习如何设定明确、具体和可衡量的职业目标。培训可以帮助教师了解自己的兴趣、优势和价值观，进而设定与个人发展相契合的职业目标。教师可以学习如何将长期目标分解为短期目标，并制订相应的行动计划。

发展计划制订。培训可以引导教师制订职业发展计划，包括明确的目标、时间表和所需资源。教师可以学习如何评估自身现状和需要，制订能够促进个人成长和职业发展的计划。培训可以提供相关工具和技巧，帮助教师进行自我评估和目标设定。

职业发展路径了解。教师可以通过培训了解不同的职业发展路径和机会。培训可以介绍教师职业发展的多元化途径，如教学、研究、教研组织管理等，以及提供不同层级和职务的机会。教师可以了解不同职业发展路径的要求和挑战，有助于制订适合自己的职业发展计划。

自我评估和反思。培训可以引导教师进行自我评估和反思，了解自己的职业发展需求和潜力。教师可以学习如何评估自己的专业知识、教学能力、研究能力和领导力等方面的优势和不足。通过自我评估和反思，教师可以发现自己的发展机会和成长方向。

二、教学创新与方法更新

教师可以学习和掌握最新的教学技术、教学策略和评估方法，以提升教学效果和学生参与度。这将激发教师的创造力和教学热情，减少工作的重复性和枯燥感。培训内容方面，可以包括以下方面。

（一）最新教学技术

培训可以介绍最新的教学技术，如在线教学工具、教学软件、虚拟实验室等。教师可以学习如何应用这些技术来创新教学方法，提高学生的学习效果和兴趣。

在线教学工具。培训可以介绍各种在线教学工具，如远程教学平台、虚拟课堂工具、在线讨论平台等。教师可以学习如何使用这些工具来开展远程教学和协作学习，为学生提供灵活的学习环境和互动交流的机会。

教学软件。培训可以介绍教学软件的应用，如多媒体教学软件、交互式教学软件、教学管理软件等。教师可以学习如何使用这些软件来设计丰富多样的教学内容，提供生动有趣的学习体验，从而激发学生的学习兴趣和参与度。

虚拟实验室。培训可以介绍虚拟实验室的应用，如虚拟化化学实验室、生物实验模拟软件等。教师可以学习如何使用虚拟实验室来进行实验教学，让学生在虚拟环境中进行实验操作和数据分析，培养学生的科学思维和实验技能。

移动学习。培训可以探讨移动学习的理念和方法，如利用移动设备和移动应用来支持学生的学习。教师可以学习如何设计和提供适合移动学习的教学资源和活动，让学生随时随地进行学习，拓展学习的时空范围。

智能教育技术。培训可以介绍智能教育技术的最新发展，如人工智能教育应用、数据分析和个性化学习系统等。教师可以学习如何应用智能教育技术来个性化地指导学生学习，根据学生的学习情况和需求提供个性化的学习资源和反馈。

（二）教学策略与方法

教师可以通过培训了解和学习不同的教学策略和方法，如问题导向学习、合作学习、案例教学等。这些教学策略和方法的灵活应用有助于加强学生的深入学习和思维发展。

问题导向学习。培训可以介绍问题导向学习的理念和方法。教师可以学习如何设计和提出引导性问题，从而激发学生的思考和探究欲望，促使他们积极参与学习过程。教师还可以学习如何引导学生提出问题、收集信息、分析和解决问题，从而培养学生的问题解决能力和批判性思维。

合作学习。培训可以探讨合作学习的原理和方法。教师可以学习如何组织和引导学生进行小组合作、共同解决问题、完成任务和学习项目。教师还可以学习如何培养学生的合作技能、沟通能力和团队合作精神，促进学生之间的互动和协作，提高学生的学习效果和社交能力。

案例教学。培训可以介绍案例教学的应用方法。教师可以学习如何使用真实或虚拟的案例来引发学生的兴趣和思考，让学生通过分析和讨论案例，掌握相关知识和解决问题的方法。教师还可以学习如何设计和引导案例教学活动，从而培养学生的分析能力、判断能力和问题解决能力。

混合式教学。培训可以介绍混合式教学的概念和方法。教师可以学习如何结合面对面教学和在线学习，利用教学技术和学习平台来设计和组织教学活动。混合式教学可以提高学生的学习灵活性和互动性，提供多样化的学习资源和学习机会，促进学生的自主学习和合作学习。

反思和评估。培训可以强调教师在教学过程中的反思和评估。教师可以学习如何反思自己的教学实践，分析教学的有效性和学生的学习成果。培训可以提供反思和评估工具，如教学日志、教学观察记录、学生评价调查等，帮助教师了解自己的教学效果和改进方向。教师可以学习如何利用这些反思和评估结果，调整教学策略和方法，持续提高自己的教学能力和学生的学习效果。

激发学习动机。培训可以关注激发学生学习动机的教学策略和方法。教师可以学习如何设计启发性的教学活动、设定挑战性的学习目标，以及提供及时的正向反馈和奖励。通过激发学生的学习动机，教师可以增加学生对学习的投入和兴趣，减少其倦怠感的产生。

（三）个性化教学

个性化教学强调关注学生的个体差异，尊重学生的多样性，并根据学生的特点和需求，提供个性化的学习支持和指导。在个性化教学的培训内容中，可以包括以下方面。

学生识别和了解。教师可以学习如何识别和了解学生的个体差异，包括学习风格、学习能力、兴趣爱好、学习目标等方面。通过有效的评估工具和方法，教师可以获取关于学生的信息，了解学生的学习需求和潜力。

学习目标个性化设定。教师可以学习如何根据学生的个体特点和学习需求，个性化地设定学习目标。通过与学生进行沟通和协商，教师可以与学生一起制定符合其能力水平和学习兴趣的目标，激发学生的学习动机和提高其投入度。

教学活动个性化设计。教师可以学习如何根据学生的个体差异，设计和组织个性化的教学活动。教师可以根据学生的兴趣和学习风格，选择合适的教学策略和方法，提供多样化的学习资源和学习机会，以满足学生的学习需求和发展潜力。

学习资源个性化提供。教师可以学习如何根据学生的个体差异，提供个性化的学习资源和学习支持。教师可以选择和推荐适合不同学生的学习材料、学习工具和学习平台，以帮助学生更好地实现个人学习目标和发展需求。

教学评估个性化实施。教师可以学习如何个性化地评估学生的学习成果和发展情况。教师可以根据学生的个体特点和学习目标，采用多种评估方法和工具，如项目作业、口头报告、学习档案、学习日志、自我评估等，以便更全面地了解学生的学习情况和进展。教师还可以学习如何根据评估结果，提供个性化的反馈和指导，帮助学生发现自己的优势和明确改进的方向。

（四）翻转课堂

翻转课堂是一种以学生为中心的教学模式，它颠覆了传统课堂的教学方式，将学生在课堂上的角色由被动的听众转变为主动的学习者。在翻转课堂的模式下，教师利用在线资源和学习平台提供学习材料和内容，学生在课前通过自主学习的方式预习课程内容，掌握基础知识和概念。在培训中，可以涵盖以下方面的内容。

理解翻转课堂的概念。培训可以介绍翻转课堂的核心理念和原则。教师可以了解翻转课堂的定义、目标和教学模式，理解为什么翻转课堂对学生的学习效果和参与度具有积极影响。

设计和选择适合的学习资源。培训可以教授教师如何设计和选择适合翻转课堂的学习资源。教师可以学习如何利用教学视频、在线课件、电子图书等多媒体资源，提供给学生课前自主学习的材料。培训还可以介绍如何寻找和评估开放教育资源，以及如何将自己的教学资源转化为在线学习材料。

制定学习指导和任务。培训可以指导教师如何制定学习指导和任务，引导学生在课前进行有效的自主学习。教师可以学习如何设计课前问题、练习题或思考题，以及如何设立学习目标和预习任务，帮助学生掌握基础知识和概念。

设计课堂互动和实践活动。培训可以教授教师如何设计和组织课堂互动和实践活动。教师可以学习如何利用课堂时间进行讨论、案例分析、小组合作、问题解决等活动，以促进学生的深入理解和提高其应用能力。培训可以介绍不同的课堂互动和实践活动的设计方法，如小组讨论、角色扮演、案例研究、实验探究等。教师可以学习如何引导学生在课堂中积极参与、互相交流和分享观点、拓展思维，提高问题解决和批判性思维能力。

评估和反馈机制。培训可以指导教师如何建立有效的评估和反馈机制，以跟踪学生的学习进展和理解程度。教师可以学习如何设计课后练习、作业或项目，以及如何利用在线学习平台进行作业提交和自动化评分。此外，教师还可以学习如何提供及时的反馈，帮助学生发现和纠正错误，并激励他们继续学习和进步。

学习环境和技术支持。培训可以关注学习环境和技术支持的重要性。教师可以学习如何创建支持翻转课堂的学习环境，包括教室布置、学习资源的组织和管理，以及学生与教师之间的沟通和协作方式。此外，教师还可以学习如何充分利用教学技术和学习管理系统，提供技术支持和指导，确保学生能够顺利进行在线学习和课堂互动。

教师角色和转变。培训可以引导教师思考自身在翻转课堂中的角色和转变。教师可以学习如何成为学生学习的导航者、资源的引导者和学习社区的组织者。培训可以提供案例研究和实践分享，让教师了解成功实施翻转课堂的经验和挑战，进一步明确自己的教学目标和发展方向。

在培训过程中，可以采取多种教学方法和策略，例如案例分析、小组讨论、角色扮演、教学观摩等。培训可以结合实际教学场景，通过实际操作和反思讨论，帮助教师理解和应用翻转课堂的理念和方法。此外，教师还可以参与教学研讨会、专业社群和合作研讨等活动，与其他教师进行经验分享和交流，共同探讨翻转课堂的最佳实践和应用策略。

三、教师心理健康与自我管理

在高校教师职业倦怠的预防设计中，教师心理健康与自我管理是非常重要的方面。教师在日常教学工作中常常面临工作压力、职业挫折和人际冲突等问题，因此需要学习如何有效管理这些挑战，提高自我调适和情绪管理能力，以建立良好的心理状态。

了解工作压力的来源与影响。培训可以帮助教师了解工作压力的来源与影响，例如工作量过大、时间压力、学生期望和评估压力等。教师可以学习如何识别和评估自身的工作压力水平，以及如何应对和缓解工作压力。

情绪管理与自我调适。培训可以教授教师如何有效管理情绪和进行自我调适。教师可以学习如何认识和理解自己的情绪反应，并学习运用情绪管理技巧，如情绪调节、放松技巧和应对策略等，以提高情绪稳定性和自我调节的能力。

积极心态与自我肯定。培训可以引导教师培养积极的心态和自我肯定。教师可以学习如何培养乐观态度，以及如何重视和强化自身的成就感和自我价值感。培训还可以探讨如何树立积极的教育理念，以及如何培养师生之间的良好互动与支持。

时间管理与工作规划。培训可以指导教师如何进行时间管理和工作规划。教师可以学习如何合理安排工作时间、制定优先事项和设定目标，以提高工作效率和减少压力。培训还可以介绍时间管理工具和技巧，如任务清单、时间表和优先级划分等。

职业挫折与冲突处理。培训可以帮助教师学习如何处理职业挫折和人际冲突。教师可以学习如何应对挫折和困难，保持积极心态和寻找解决方案。此外，培训还可以提供有效的沟通技巧和冲突管理策略，以帮助教师处理人际冲突，建立良好的人际关系。

自我关怀与放松技巧。培训可以教授教师如何进行自我关怀和放松。教师可以学习如何在繁忙的工作中找到平衡，关注自身的身心健康。培训可以介绍身体放松和心理放松的方法，如呼吸练习、冥想、休闲活动等，帮助教师减轻压力、放松身心，提高自我护理的能力。

职业发展与目标规划。培训可以引导教师思考职业发展与目标规划。教师可以学习如何制定个人职业发展目标，了解自身的职业优势和发展方向，并制订相应的发展计划。培训可以提供职业规划工具和资源，帮助教师规划职业发展的路径和策略，提高职业满意度和增强动力。

建立支持网络与资源共享。培训可以鼓励教师建立支持网络和资源共享的机制。教师可以学习如何与同事、上级和专业组织建立良好的合作关系，分享经验、倾诉困惑，并互相支持和鼓励。培训还可以提供专业社群和合作研讨会等平台，促进教师之间的交流与合作，提高教师的归属感和工作满意度。

反思与成长。培训可以鼓励教师进行反思和成长。教师可以学习如何定期进行自我评估和反思，回顾教学实践中的成功与挑战，吸取经验教训，并进行个人和专业成长的规划。培训可以引导教师探索专业发展机会和继续学习的途径，不断提升教育教学能力和自我认知。

在培训过程中，可以采用多种教学方法和策略，以帮助教师全面了解自身的心理健康需求，提供切实可行的自我管理策略和技巧，并鼓励教师在实践中不断调整和改进。

四、教学反思与交流

教学反思与交流是教师职业发展和提升教学质量的重要环节。通过反思教学实践并与其他教师进行交流，教师可以深入思考自己的教学方法、教学效果和学生学习成果，从而不断改进和提升自己的教学能力。在培训中，可以采用以下方法和活动来促进教学反思与交流。

教学案例分析。教师可以将自己的教学案例或问题进行分析和探讨。通过分享自己的教学经验和实践，教师可以获得来自其他教师的反馈和建议，共同寻找解决问题的方法和策略。教学案例分析活动可以帮助教师从多个角度审视自己的教学实践，发现问题和改进的空间，提高教学的效果和学生的学习成果。

教学观摩。教师可以相互观摩彼此的教学过程和教学方法。通过观摩其他教师的教学实践，教师可以借鉴其他教师的成功经验、教学策略和创新方法。观摩活动可以促进教师之间的交流与合作，共同探讨教学中的挑战和解决方案，为教师的专业成长提供新的视角和灵感。

小组讨论和合作学习。教师可以参与小组讨论和合作学习活动，与其他教师共同探讨教学中的问题和难题。通过小组讨论，教师可以分享自己的观点、经验和教学方法，并从其他教师那里获取新的思路和建议。小组讨论和合作学习还可以促进教师之间的互相学习和支持，共同提高教学水平和专业发展。

教学分享会和研讨会。培训可以组织教学分享会和研讨会，为教师提供一个展示和交流教学成果的平台。教师可以通过演讲、展示教学材料、分享教学经验等方式，向其他教师展示自己在教学中的创新和成功实践。同时，研讨会还可以组织专题讲座和小组研讨，让教师深入探讨教学中的重要问题和挑战，共同寻找最佳的教学实践。

教学日志和反思。教师可以通过撰写教学日志和进行反思，对自己的教学过程进行深入思考和记录。教师可以记录每节课的教学计划、教学方法、学生反映和自我评估等，然后进行反思分析。通过教学日志和反思，教师可以审视自己的教学实践，发现问题、总结经验，并制订改进计划。教学日志和反思可以帮助教师更有针对性地进行自我管理和教学提升。

个别指导和反馈。培训可以提供个别指导和反馈，帮助教师针对自己的教学实践进行深入分析和改进。培训导师或教育专家可以与教师进行一对一的指导会议，就教学目标、方法、评估等方面进行深入讨论。个别指导和反馈可以帮助教师发现自己的潜在问题和提升空间，培训导师或专家提供具体的建议和行动计划，以帮助教师持续成长和提高教学质量。

教学反思与交流是教师职业发展中至关重要的一环。通过参与教学案例分析、教学观摩、小组讨论、教学分享会和个别指导等活动，教师可以不断反思自己的教学实践，与其他教师分享经验和心得，共同提升教学能力和教育质量。这种持续的反思与交流过程将有助于教师建立更加富有意义和满足感的教学生涯，为学生的学习成长提供更好的支持和指导。

五、学科交叉与跨学科合作

学科交叉与跨学科合作是高校教师培训中的重要内容，旨在促进教师间的合作与交流、拓宽教学领域、丰富教学内容和方法、提升教学的创新性和多样性。

学科交叉的概念与意义。培训可以介绍学科交叉的概念和意义。教师可以了解学科交叉的定义，即不同学科之间相互联系和相互影响的现象。培训还可以探讨学科交叉的重要性，包括提供综合性的学习体验、培养跨学科思维能力、促进创新和解决复杂问题等。

跨学科合作的机会与方式。培训可以介绍跨学科合作的机会和方式。教师可以了解如何与其他学科教师合作，包括参与跨学科项目、组织跨学科课程、开展研究合作等。培训还可以引导教师探索跨学科合作的方式，如共同设计课程、写作教学、交叉评估等，以实现学科之间的融合与交叉。

设计跨学科课程与项目。培训可以指导教师设计和组织跨学科课程和项目。教师可以学习如何结合不同学科的知识和技能，设计有机的学习活动和任务。培训还可以介绍如何选择适合跨学科合作的主题和问题，以及如何协调不同学科的教学目标和教学内容，以提高学生的学习效果和综合素养。

促进跨学科交流与合作。培训可以提供促进跨学科交流与合作的方法和机制。教师可以学习如何建立跨学科合作的团队和网络，与其他学科教师进行定期的交流和合作。培训还可以引导教师参与学科交流活动、学术研讨会、教师研究小组等，以拓展教师的学科视野和专业知识。

评估与反思跨学科合作的效果。培训可以介绍如何评估和反思跨学科合作的效果。教师可以学习如何制订跨学科合作的评估标准和方法，以评估学生的学习成果和综合素养。同时，教师还可以学习如何反思和评估自身参与跨学科合作的经验和效果，以不断改进和提升跨学科合作的质量和效果。

跨学科资源与平台的利用。培训可以介绍跨学科资源和平台的利用方法。教师可以学习如何寻找和利用跨学科的教学资源，如跨学科教材、学习工具和实践案例等，以丰富教学内容和提供跨学科视角。培训还可以指导教师利用在线学习平台和协作工具，与其他学科教师进行交流与合作，共同设计和实施跨学科教学活动。

学科交叉与跨学科合作的案例研究。培训可以通过案例研究，向教师展示成功的学科交叉和跨学科合作实践。教师可以学习来自各个学科领域的案例，了解不同学科之间的合作模式、教学策略和教学成果。通过案例研究，教师可以获得启发和借鉴，将学到的经验和方法应用到自己的教学实践中。

跨学科合作的挑战与解决方案。培训可以探讨跨学科合作中常见的挑战和解决方案。教师可以了解在跨学科合作过程中可能遇到的问题，如学科之间的差异、合作难度、沟通与协作等方面。培训还可以提供解决这些挑战的方法和策略，如建立良好的沟通渠道、制定明确的合作规则、培养团队合作技能等，以帮助教师克服跨学科合作中的困难。

继续专业发展与合作机会。培训可以向教师提供继续专业发展和合作的机会。教师可以了解与其他学科教师进行跨学科研究、项目合作或教学创新的机会，以扩大自己的专业网络和增加合作伙伴。培训还可以介绍跨学科研究团队、学术研讨会和教师社群等资源和平台，以支持教师的跨学科合作与发展。

学科交叉与跨学科合作的培训内容和方法旨在鼓励教师跨越学科界限，积极参与合作与交流，以拓宽教学领域、丰富教学内容和方法、提升教学质量和创新性。

六、学生关怀与个性化教育

学生关怀与个性化教育是高校教师培训中非常重要的内容，旨在帮助教师更好地了解和满足学生的个体差异，建立良好的师生关系，并为每位学生提供个性化的学习支持和指导。

学生心理健康的了解与支持。培训可以引导教师了解学生心理健康的重要性和常见问题。教师可以学习如何识别和应对学生的心理健康问题，如焦虑、压力和抑郁等。培训还可以提供支持技巧和策略，帮助教师与学生建立信任和沟通的桥梁，提供必要的心理支持和引导，促进学生的健康成长和发展。

师生关系的建立与维护。培训可以教授教师建立积极的师生关系。教师可以学习如何与学生建立信任和尊重的关系，以及如何与学生建立有效的沟通和互动。培训还可以探讨如何倾听学生的声音和理解他们的需求，通过个人化的关怀和支持，增强学生的学习动力和提高其参与度。

个性化教育的方法与策略。培训可以介绍个性化教育的理念、方法和策略。教师可以学习如何根据学生的兴趣、能力和学习风格，提供个性化的学习活动和资源。培训还可以引导教师了解不同的教学差异化策略，如分层教学、个别指导、学习合同等，以满足学生的学习需求和潜能发展。

学习支持与反馈机制。培训可以指导教师提供学习支持和反馈。教师可以学习如何设计和组织学习资源，以满足学生的不同学习需求。培训还可以教授教师如何给予及时和个性化的反馈，帮助学生发现自身的优势和改进的方向。通过有效的学习支持和反馈机制，教师可以激发学生的学习动力和自信心，提高他们的学业成绩和综合素养。

学生参与合作。培训可以探讨如何促进学生的参与和合作。教师可以学习如何设计和组织具有互动性和合作性质的学习活动，以激发学生的主动性和合作意识。培训还可以介绍促进学生团队合作、讨论和项目合作的方法和策略，以培养学生的合作能力和团队精神。

个体差异的认知与尊重。培训可以帮助教师更好地认识和尊重学生的个体差异。教师可以学习如何识别学生的不同学习风格、兴趣爱好、能力水平和背景特点，并根据这些差异提供个性化的学习支持和指导。培训还可以探讨如何适应性地调整教学方法和教学资源，以满足学生的多样化学习需求。

家校合作与沟通。培训可以强调教师与家长的密切合作与沟通。教师可以学习如何与家长建立良好的沟通渠道，分享学生的学习进展和问题，以及了解家庭背景和期望。培训还可以介绍如何与家长合作制订个性化学习计划和目标，共同关注学生的成长和发展。

通过学生关怀与个性化教育的培训，教师能够更好地了解和满足学生的需求，建立积极的师生关系，提供个性化的学习支持和指导，从而为学生的全面发展和成功奠定坚实的基础。

七、教师团队建设与合作

通过培训，教师可以学习如何与同事建立紧密合作的关系，共同分享资源、经验和最佳实践，以构建一个支持和协作的团队氛围。

建立团队意识与目标。培训可以帮助教师了解团队意识的重要性，并明确共同的团队目标。教师可以学习如何将个人利益融入整个团队的利益，以及如何与团队成员一起制定明确的团队目标和工作计划。通过建立团队意识和目标，教师团队可以更加紧密地协作，相互支持和取长补短。

团队合作的实践活动。培训可以通过实践活动来促进团队合作。例如，教师可以参与小组合作项目、教学观摩和教学设计等活动，与团队成员共同制定课程计划、教学活动和评估方式。这些实践活动将为教师提供一个机会，通过协作和互相学习来改进教学实践，并加强团队之间的联系和合作。

团队问题解决与冲突管理。培训可以教授教师团队问题解决和冲突管理的技巧。教师可以学习如何识别和解决团队中出现的问题和挑战，如分工合作、沟通困难和决策冲突等。有效的冲突管理策略和沟通技巧，帮助教师团队在团队冲突出现时能够及时解决问题，并保持良好的工作关系和合作氛围。

共享资源与经验。培训可以鼓励教师共享资源和经验。教师可以学习如何与团队成员共享教学资源、教学经验和教学创新。这可以通过定期的团队会议、分享会和在线平台来实现。通过共享资源和经验，教师团队可以相互启发和学习，从而提升整个团队的教学质量和效果。

团队学习与持续专业发展。培训可以促进团队学习和持续的专业发展。教师可以参与专业发展活动，如专题讲座、教学研讨会和研究小组等，与团队成员一起探讨教育理念、教学方法和教学研究。通过团队学习，教师可以共同深化对教学的理解和认识，交流并汲取其他教师的经验和智慧，不断提升自身的教学能力。

建立良好的沟通与反馈机制。培训可以教导教师如何建立良好的沟通和反馈机制，以促进团队之间的有效交流。教师可以学习如何倾听和理解他人的观点、如何表达自己的意见和建议，并学习如何给予和接受建设性的反馈。通过良好的沟通和反馈，教师团队可以更好地合作，共同解决问题和改进教学实践。

领导与合作技能的发展。培训可以培养教师的领导和合作技能。教师可以学习如何挖掘自己的领导潜能，引导团队成员的合作和发展。同时，培训还可以教授教师如何在团队中发挥协作和协调的作用，激发团队成员的积极性和创造力。通过培养领导和合作技能，教师团队可以更加紧密地合作，实现共同目标和提升整体绩效。

教师团队建设与合作的培训内容和方法将帮助教师构建一个协作、支持和富有创造力的工作团队。通过培训，教师将学会如何与同事合作、共享资源和经验、建立良好的师生关系、共同成长和提升教学质量。这将为教师提供一个积极的工作环境，提升工作满意度，并为学生提供更好的学习体验和更多的发展机会。

八、教师专业发展的支持与指导

培训机构可以采取多种方式来支持教师的专业发展，以帮助他们不断提升教学能力、增强专业素养，并激发工作动力和提高自我满意度。

提供教学资源与材料。培训机构可以提供丰富的教学资源与材料，包括教学参考书籍、教学视频、课程设计模板等。这些资源可以帮助教师拓宽教学视野，了解最新的教学理念和方法，并提供实用的教学工具和教材，以支持他们的教学实践。通过提供优质的教学资源，教师能够更好地规划和设计教学活动，提高教学效果。

举办专业研讨会与研究项目。培训机构可以组织专业研讨会和研究项目，为教师提供一个交流与学习的平台。教师可以参与研讨会，与其他教师分享教学经验和研究成果，探讨教学中的关键问题和挑战。同时，培训机构还可以支持教师开展研究项目，提供研究经费和指导，以促进教师的专业发展和提高其学术成就。

导师制度与个人指导。培训机构可以建立导师制度，为教师提供个人化的指导和支持。导师可以是经验丰富的教师或教育专家，他们可以与教师进行定期的面对面交流，提供反馈和建议，并帮助教师制定个人的专业发展计划。通过导师制度，教师能够获得针对性地指导和支持，有针对性地提升自身的教学能力和促进其职业发展。

提供专业认证与培训课程。培训机构可以提供专业认证和培训课程，以支持教师的专业发展。这些认证和课程可以涵盖教学技能、课程设计、教学评估和教育研究等方面的内容。通过参与认证和培训课程，教师能够系统地学习和提升自己的专业知识和技能，从而提高教学质量和专业水平。

提供反馈与评估机制。培训机构可以建立反馈与评估机制，为教师提供定期的反馈和评估。这可以通过观课、教学观摩、同行评课等方式实现。通过接受他人的评估和建议，教师可以了解自己的教学优势和改进的空间，并有针对性地进行进一步的专业发展。培训机构还可以提供个体化的反馈和指导，帮助教师制订改进计划，并支持其在教学实践中实施和评估效果。

支持教师研究与创新。培训机构可以鼓励和支持教师的教学研究和创新实践。教师可以参与研究项目、教学创新项目等，探索新的教学方法和策略，提出教学改进的想法和方案。培训机构可以提供研究资源、指导和资金支持，帮助教师在专业领域取得突破和发展。

建立学习社群与合作网络。培训机构可以促进教师之间的学习社群和合作网络的建立。教师可以参与教学社群、教研组等专业学习团体，与其他教师分享经验、交流思想，并共同解决教学中的问题。通过学习社群和合作网络，教师可以拓宽视野、借鉴他人经验，并建立良好的合作关系，促进专业成长和教学创新。

教师专业发展的支持与指导是高校教师培训的重要内容。通过提供教学资源、举办研讨会、建立导师制度、提供专业认证和培训课程，以及建立反馈与评估机制、支持教师研究与创新，培训机构可以帮助教师不断提升教学能力和专业素养，推动教学质量的提高，同时增强教师的工作动力和提高其自我满意度。

九、教师生涯规划与平衡

高校教师培训的设计应关注教师生涯规划和平衡工作与生活的技巧，以帮助教师在职业发展和个人生活之间找到平衡。

职业生涯规划。培训可以引导教师进行职业生涯规划。教师可以学习如何设定长期和短期职业目标，制订个人发展计划，并了解教师职业生涯中的不同阶段和发展机会。培训还可以提供职业咨询和指导，帮助教师探索自身的职业兴趣和价值观，从而更好地规划和管理自己的职业生涯。

时间管理与工作重心。培训可以教授教师如何有效管理时间和确定工作重心。教师可以学习如何设置合理的工作计划和时间表，识别优先事项，并制定合理的工作目标。培训还可以介绍时间管理工具和技巧，如任务清单、时间规划和优先级划分，帮助教师提高工作效率，合理安排工作时间，从而减轻工作压力，保持工作与生活的平衡。

自我关怀与健康管理。培训可以强调教师的自我关怀和健康管理。教师可以学习如何照顾自己的身心健康，培养良好的生活习惯和健康的工作生活方式。培训可以涵盖如何保持充足的睡眠、均衡的饮食和适度的锻炼，以及如何处理工作压力和调整情绪。同时，教师还可以学习如何寻找和利用支持系统，包括家庭支持、同事支持和专业咨询等，以帮助他们应对挑战和困难，保持身心健康。

休闲活动与兴趣爱好。培训可以强调教师参与休闲活动和发展个人兴趣爱好的重要性。教师可以学习如何安排休闲时间、培养兴趣爱好，并将其纳入日常生活中。这些活动可以帮助教师放松身心、减轻工作压力、提高工作效率。培训还可以鼓励教师与其他教师一起参与共同的休闲活动和兴趣小组，建立友谊和支持网络，促进教师之间的交流和互动。

灵活的工作安排与辅导支持。培训可以介绍灵活的工作安排和辅导支持的重要性。教师可以学习如何在工作中寻求灵活性，如弹性工作时间、远程办公等方式，以更好地平衡工作和个人生活。培训还可以提供辅导支持，帮助教师应对职业发展中的挑战和压力，提供心理咨询和职业指导，以增强教师的自我满意度和幸福感。

建立支持网络与合作伙伴。培训可以鼓励教师建立支持网络和合作伙伴。教师可以与同事分享经验和困惑，互相支持和理解。培训可以提供机会，让教师参与教师社群、专业协会和研究小组等活动，与其他教师建立联系和合作。通过建立支持网络和合作伙伴，教师能够获得支持和鼓励，与其他教师共同面对职业发展中的挑战，实现工作与生活的平衡。

评估与调整。培训可以引导教师评估工作与生活的平衡状况，并帮助他们进行必要的调整。培训还可以提供反思和自我评估工具，帮助教师深入思考自身的需求和目标，从而实现更好的平衡。

高校教师培训应关注教师生涯规划和平衡工作与生活的技巧，通过提供专业指导、时间管理、自我关怀、休闲活动和支持网络等培训内容，帮助教师实现职业发展与个人生活的和谐统一。这将有助于教师提升工作动力、提高教学效果，并提升自我满意度和幸福感。

第三节　培训效果的评估和反馈

为了预防高校教师的职业倦怠，培训机构可以设计有效的评估和反馈机制，以确保培训的效果和教师的成长。

一、设立评估指标

培训机构可以制定明确的评估指标，用于评估教师在培训过程中的学习成果和职业发展。这些指标可以包括教学能力的提升、专业知识的扩展、教学创新的应用等方面。评估指标应该与培训目标相对应，具有可衡量性和具体性。

（一）设定评估指标的重要性

培训机构应向教师明确指出为何设定评估指标以及其重要性。教师需要了解评估指标与培训目标的关联性，以及通过评估能够了解自己的培训成果和发展方向，从而更好地规划自己的职业发展。

指导教师了解评估的目的。培训机构应向教师解释评估的目的和意义。教师需要明白评估不仅仅是对其培训成果进行测量，更是为了帮助他们了解自己在培训中的学习成果和职业发展方向。通过评估，教师可以获得关于自身发展的准确反馈，进而制订个人发展计划和目标。

关联评估指标与培训目标。培训机构应向教师明确指出评估指标与培训目标的关联性。评估指标应当对应培训目标中所设定的教学能力、专业知识和教学创新等方面的发展要求。这样做可以使教师更加明确自己在培训中所需关注的重点，并将培训成果与实际教学中的需求相结合。

增强教师的自我认知。评估指标的设定有助于教师增强自我认知。通过对评估指标的了解，教师可以更好地认识自己的优势和待改进之处，从而制订针对性的自我发展计划。评估指标的存在可以激励教师主动思考自身的发展需求、积极参与培训活动，并与他人分享经验和教学成果。

提供可衡量和具体的评估指标。评估指标应具备可衡量性和具体性，能够对教师的学习成果和职业发展进行准确评估。这些指标可以基于教学能力的提升、专业知识的扩展、教学创新的应用等方面进行设定。例如，评估指标可以涵盖课堂管理能力、教学设计能力、教学效果评估和学生反馈等方面的要素，以提供全面和具体的评估结果。

强调评估的正向意义。培训机构应向教师强调评估的正向意义。评估不仅是一种衡量教师表现的手段，更是一种促进教师成长和职业发展的机制。评估指标的设定和评估过程的透明性可以激励教师对自身的教学能力和职业发展持续保持关注，激发他们不断探索和学习的动力。

（二）确定具体的评估指标

为了确保高校教师培训的效果和预防职业倦怠，评估和反馈机制的重要性不可忽视。其中，确定具体的评估指标是评估和反馈的基础。评估指标应当具体、可衡量，并与培训目标相对应，以确保评估的准确性和有效性。

教学能力的评估指标。教学能力是高校教师培训的核心内容之一。为了评估教师的教学能力，可以设定具体的指标，如课堂管理能力、教学设计能力和教学效果评估等。课堂管理能力指教师在组织课堂活动、维持秩序和管理学生行为方面的能力。教学设计能力则涉及教师在课程设计、教学目标设定、教学资源选择和教学策略运用等方面的能力。而教学效果评估可以通过学生反馈、学习成绩和学习成果等数据来衡量教学的效果。

专业知识的评估指标。培养教师的专业知识是培训的重要目标之一。评估教师的专业知识水平可以设定具体的指标，如学科知识的广度和深度、教学材料的熟悉程度、教学技术和方法的应用等。通过考察教师对学科知识的理解和掌握程度，以及在教学实践中能否灵活运用和更新专业知识，可以评估教师的专业素养和学科能力。

教学创新的评估指标。教学创新是培养教师的关键能力之一，评估教师在教学创新方面的能力也是重要的评估指标之一。教学创新评估可以包括教学方法的多样性、教学资源的创新应用、技术工具的使用等。评估教师在教学中是否能够创新思考，尝试新的教学策略和方法，是否能够积极应用现代技术和教学资源，可以评估教师的教学创新能力和教育教学改革的意识。

通过综合考虑这些评估指标，培训机构可以确保评估和反馈的全面性和准确性，帮助教师全面提升教学能力和促进其职业发展。评估和反馈的结果还可以为培训机构提供有针对性地改进建议，进一步优化培训内容和方法，增强培训效果的可持续性和实效性。

二、使用多样化的评估工具

为了预防高校教师的职业倦怠，并提升他们的教学能力和专业发展，高校教师培训机构需要有效评估培训效果，并及时提供反馈。为此，采用多样化的评估工具是至关重要的。这些评估工具能够全面收集教师的反馈和评估数据，为培训机构和教师提供有针对性地改进措施和支持。

（一）问卷调查

问卷调查作为一种常用的评估工具，可以为培训机构提供教师对培训效果的意见和建议。

设计问卷内容。在设计问卷调查时，需要明确评估的目标和重点。可以针对培训的不同方面设计相关问题，包括培训内容的实用性、培训组织的效果、培训方式的适应性等。可以采用闭合式问题，教师选择适用的选项或进行打分，以量化评估结果。同时，开放式问题可以给予教师更多表达意见和建议的机会，提供具体的反馈。

保证问卷的匿名性。为了鼓励教师提供真实的意见和建议，保证问卷的匿名性非常重要。教师需要知道他们的回答将被保密处理，以免担心个人意见对自己的职业发展产生负面影响。匿名性能够增加教师的参与度，使他们更愿意分享真实的反馈和体验。

设计评估指标和量表。为了准确评估教师对培训效果的评价，可以使用评估指标和量表来量化教师的反馈。例如，可以使用 5 分或 10 分量表评估教师对不同方面的满意度，以便进行定量分析。评估指标和量表的选择应与培训目标和内容相匹配，确保评估结果具有可比性和可解释性。

注意问卷调查的有效性。为了确保问卷调查的有效性，需要注意以下几点。首先，问卷应具有良好的结构和清晰的表达，以便教师准确理解问题的意义和回答方式。其次，应避免问卷设计上的偏见，不要引导教师回答特定的答案或影响他们的意见。最后，问卷调查应具有合理的时间限制，既要给予教师充足的时间思考回答，又不过分耗费他们的时间。

定期进行问卷调查。为了全面了解教师在培训过程中的学习成果和对教学实践的应用情况，可以设计定期的问卷调查。这样可以跟踪教师在不同阶段的发展情况，了解培训成果的长期影响，并及时调整培训内容和方法以满足教师的需求。

分析和利用问卷结果。收集到的问卷结果需要进行分析和利用。培训机构可以对问卷数据进行统计分析，如计算平均分、频数分布等，以了解教师的整体评价和反馈。同时，重点关注教师在不同方面的意见和建议，从中挖掘出改进和优化培训的关键点。问卷结果还可以作为与教师沟通和交流的基础，通过回应教师的反馈，建立良好的互动和沟通机制。

整合问卷调查结果与其他评估工具。问卷调查是评估教师培训效果的重要工具之一，但并不是唯一的评估手段。为了全面评估教师的培训成果，可以结合其他评估工具，如观察教学实践、进行教学演示、收集学生作品等。通过综合考虑不同来源的评估数据，可以获得更全面、准确的评估结果，进一步了解教师在培训过程中的学习成果和职业发展情况。

反馈和改进措施。收集到的问卷调查结果应及时进行分析，并采取相应的反馈和改进措施。培训机构可以根据教师的反馈意见，对培训内容、教学方法和组织方式进行调整和改进。同时，向教师提供个性化的反馈和指导，帮助他们认识到自身的优势和改进的方向，激发教师的自我成长动力。

（二）面试

面试是一种能够深入了解教师培训效果的评估工具。

深入了解教师的培训成果。面试能够提供评估人员与教师之间的面对面交流机会，从而更深入地了解教师在培训过程中的学习成果和职业发展情况。评估人员可以提出针对性的问题，询问教师对培训内容的理解、应用和反思，以及在教学实践中的体现。通过深入的讨论和交流，可以全面了解教师的培训成果，并获取更具体和细致的评估数据。

个性化的建议和指导。面试为评估人员提供了与教师一对一交流的机会，能够根据教师的个人情况和需求，提供个性化的建议和指导。评估人员可以根据教师在面试中的表现，结合培训目标和评估指标，提供具体的改进措施和发展建议。这种个性化的反馈和指导有助于教师更好地认识自己的优势和不足，并制订相应的发展计划和目标。

互动学习和沟通机会。面试不仅是一种评估工具，也是教师与评估人员之间的互动学习和沟通机会。评估人员可以聆听教师的观点、经验和教学实践，从中获取新的教学理念和方法。同时，教师也可以向评估人员提出问题、分享困惑和寻求建议，促进双向的学习和专业交流。这种互动学习和沟通有助于提升教师的教学水平和促进其职业发展。

适应不同评估目的和情境。面试作为一种灵活的评估工具，可以根据评估目的和情境进行不同形式的设计。例如，可以进行个别面试或小组面试，根据需要选择合适的评估人员和评估环境。面试可以用于评估特定的培训项目、探讨教师的专业发展计划，或者评估教师在特定教学领域的能力等。评估人员可以根据实际情况和需求，灵活设计面试的内容和形式。

针对不同目标的面试设计。在面试过程中，评估人员可以根据评估的具体目标，设计相关的问题和场景。例如，如果评估的目标是了解教师对培训内容的理解和应用，可以设计一些案例分析或教学情境的问题，让教师展示其在实际教学中的思考和应对能力。如果评估的目标是评估教师在某一特定领域的专业能力，可以针对该领域的知识和技能要求来设计相关的问题，以评估教师的专业水平和能力。

关注教师的表达能力和教学观念。面试可以通过评估教师的表达能力和教学观念，来判断其培训成果和职业发展。评估人员可以观察教师的语言表达能力、逻辑思维能力和教学理念是否与培训目标相契合。教师的表达能力和教学观念是其教学实践中的重要组成部分，通过面试可以更好地了解教师的教学风格和教育理念，从而为其提供更有针对性的反馈和指导。

灵活运用面试技巧。面试的过程可以灵活运用不同的技巧和方法，以获取更全面和深入的评估信息。评估人员可以采用开放性问题、情景模拟、角色扮演等方式，引导教师进行自我反思和思考，展示其在教学实践中的应对能力和创新思维。同时，评估人员也可以通过提出挑战性的问题，考察教师解决问题的能力和思维逻辑。

综合评估和反馈。通过面试收集的评估信息，评估人员可以进行综合分析和综合评价，从而提供全面的反馈和建议。评估人员可以结合面试的结果，与其他评估工具（如问卷调查、观察记录等）的结果进行对比和印证，以确保评估结果的准确性和可靠性。评估人员可以针对教师在培训中的优势和改进方向，给予具体的建议和指导，帮助教师进一步完善自身的教学实践和职业发展。

面试作为一种多样化的评估工具，在评估和反馈高校教师培训效果方面具有独特的优势和价值。通过面试，评估人员可以与教师进行深入的交流和讨论，了解其对培训内容的理解和应用，并提供个性化的建议和指导。面试还提供了教师与评估人员之间的互动学习和沟通机会，促进双向的知识交流和专业发展。通过灵活设计面试内容和形式，关注教师的表达能力和教学观念，运用不同的面试技巧以及综合评估和反馈，面试可以为培训机构提供更全面、深入和个性化的评估结果，帮助教师提升教学水平和促进其职业发展。

（三）教学观察

教学观察能够提供直接、客观的评估数据，帮助评估人员全面了解教师在培训后的教学实践情况，并对其教学方法、教学内容和学生反应进行评估。

观察内容的确定。在进行教学观察前，评估人员需要明确观察的内容和重点。可以根据培训目标和评估指标确定观察的关注点，如教学方法的运用、教学策略的多样性、学生参与度和学习成果等。明确观察的内容有助于评估人员有针对性地收集教学实践的数据，并为后续的评估和反馈提供依据。

观察方式的选择。教学观察可以通过不同方式进行，如实地观察、录像观察和合作教学。实地观察是评估人员亲自到教师的教学现场进行观察，可以直接感知教师的教学氛围和学生的反应。录像观察则通过录制教学过程的视频进行观察，评估人员可以多次回放和分析教学情境。合作教学是评估人员与教师合作开展教学活动，通过共同参与和互动，来观察教师的教学方法和学生的反应。根据评估的具体需求和情境，可以选择合适的观察方式进行评估。

观察标准的制定。为了确保评估的客观性和一致性，评估人员需要制定明确的观察标准。观察标准可以涵盖教师的教学技巧、教学组织、教学资源的运用、学生参与度和学习成果等方面。标准应具体明确、具备可衡量性，便于评估人员进行观察和评估。在制定观察标准时，可以参考相关的教学标准、培训目标和评估指标，确保评估结果具有可比性和可靠性。

观察数据的记录和分析。在进行教学观察时，评估人员需要记录观察的数据和细节。这可以通过表格、音频或视频记录等方式进行。评估人员可以记录教师的教学方法、教学内容的呈现方式、学生的参与情况、学习成果的展现等关键信息。记录的数据可以提供评估的依据，并用于后续的分析和反馈。

观察数据的分析是评估过程中的关键步骤。评估人员可以对观察数据进行系统的整理和分析，以获取有关教师的教学实践情况的综合认识。分析过程可以包括对教学方法的有效性、教学内容的质量、学生的学习表现和反应的综合评估。评估人员可以借助数据分析工具和技巧，对观察数据进行定量或定性分析，以便得出结论和提供有针对性的反馈。

评估结果的反馈和建议。通过教学观察收集的评估数据，评估人员可以提供具体的反馈和建议。这些反馈和建议可以针对教师在教学方法、教学内容、学生参与度等方面的表现进行，以帮助教师了解其教学实践中的优势和改进的空间。

教学观察作为一种多样化的评估工具，可以提供直接、客观的评估数据，帮助评估人员全面了解教师在培训后的教学实践情况。通过明确观察内容、选择适合的观察方式、制定明确的观察标准、记录和分析观察数据，评估人员能够提供准确的评估结果和有针对性的反馈，促进教师的职业发展和教学质量的提升。

三、定期评估与反馈

定期评估和反馈是高校教师培训中至关重要的环节，可以帮助培训机构了解教师在培训后的发展情况，并提供个性化的反馈和指导。

（一）制订评估计划

培训机构应制订定期评估和反馈的计划，明确评估的时间、频率和评估的内容。评估计划应与培训的目标和阶段相匹配，确保评估的及时性和有效性。可以将培训周期分为不同的阶段，每个阶段结束后进行评估，以追踪教师的发展情况。

（二）多样化评估方法

为了全面了解教师的培训效果，可以采用多样化的评估方法进行定期评估。除了之前提到的问卷调查和教学观察，还可以结合教师自我评估、同行评估、学生评价等方式进行评估。这些不同的评估方法可以提供不同角度的反馈和视角，从而获得更全面、准确的评估结果。

（三）个性化的反馈和指导

定期评估应提供个性化的反馈和指导，针对每个教师的发展情况和需求进行具体分析。评估人员可以结合评估结果和教师的自我评估，明确教师的优势和改进的方向。个性化的反馈和指导可以帮助教师更好地认识自己的教学实践，激发其自我成长动力，并提供具体的发展建议和培训资源。

（四）及时调整培训内容和方法

通过定期评估和反馈，培训机构可以及时了解教师的培训需求和问题，从而调整培训内容和方法，以便更好地满足教师的需求。评估结果可以揭示培训中的不足和改进的空间，帮助培训机构优化培训方案，提供更有效和有针对性的培训内容，确保培训的持续改进和质量提升。

（五）建立反馈机制和跟踪系统

为了确保评估和反馈的有效性，培训机构应建立反馈机制和跟踪系统。评估人员可以与教师建立良好的沟通渠道，及时回应教师的反馈并提供进一步的指导和支持。反馈机制可以包括定期会议、个别讨论、电子邮件或在线平台等多种形式，以确保评估结果的及时传达和反馈。跟踪系统可以用于记录教师的发展历程和评估结果，以便追踪教师的成长和进步。

（六）鼓励反思和自我评估

定期评估和反馈应鼓励教师进行反思和自我评估。培训机构可以提供相应的指导材料和工具，帮助教师对自己的教学实践进行反思和总结。教师可以审视自己的教学方法、教学效果和学生反馈，思考如何改进和提升自己的教学能力。通过反思和自我评估，教师可以主动参与自身的发展，积极追求教学的优化和创新。

（七）持续改进和学习机会

定期评估和反馈应作为持续改进和学习的机会。评估人员和培训机构可以根据评估结果，提供进一步的培训和学习机会，以帮助教师不断提升自身的教学能力。这可以包括组织专题讲座、研讨会、教学交流活动等，以促进教师之间的互动和共同学习。

定期评估和反馈是高校教师培训中不可或缺的环节。通过制订评估计划、多样化评估方法、个性化的反馈和指导、及时调整培训内容和方法、建立反馈机制和跟踪系统、鼓励反思和自我评估，以及提供持续改进和学习的机会，培训机构可以确保教师的培训效果和职业发展得到有效的评估和支持，从而提升教师的教学质量和教育水平。

四、持续改进与反思

持续改进和反思是高校教师培训中至关重要的环节，能够不断提高培训的质量和效果。

（一）收集教师的反馈意见和建议

应积极收集教师的反馈意见和建议，了解他们对培训的体验和观点。这可以通过定期的问卷调查、面对面的交流会议、个别访谈等方式进行。教师的反馈可以提供有价值的信息，揭示培训的优点以及改进的方向。培训机构应鼓励教师积极参与反馈过程，并确保他们的意见被认真听取和采纳。

定期进行反馈调查。培训机构可以定期进行反馈调查，向教师征求他们的意见和建议。这可以通过在线问卷、调查表或反馈表进行，以便教师能够在自己的时间内完成。反馈调查可以涵盖多个方面，如培训内容的实用性、教学方法的有效性、师资的专业水平等。通过定期的反馈调查，培训机构可以了解教师的满意度和需改进之处。

召开面对面交流会议。除了定期的反馈调查，培训机构还可以组织面对面的交流会议，与教师直接进行沟通和讨论。这可以是集体会议、小组讨论或个别谈话的形式。面对面的交流会议提供了更加深入的交流机会，教师可以表达自己的想法、提出问题并提供建议。同时，培训机构也可以解释培训计划和策略的调整，以回应教师的关切和需求。

鼓励实时反馈和意见交流。为了促进教师的实时反馈和意见交流，培训机构可以建立在线平台或社交媒体群组，供教师进行交流和分享。教师可以在培训过程中随时提出问题、分享经验或提供反馈意见。培训机构可以指派专门的人员负责监测和回应在线平台的反馈和问题，确保教师的意见得到及时的关注和解决。

倡导建设性反馈文化。培训机构应倡导建设性的反馈文化，鼓励教师积极参与评估和反馈过程。教师应被鼓励提供具体和有建设性的反馈，以便培训机构能够准确理解和回应教师的需求。同时，培训机构应确保教师的反馈信息得到妥善处理和保密，以建立起教师对反馈过程的信任。

反馈调查和意见收集的结果应该经过认真分析和总结。培训机构可以根据收集到的反馈意见和建议，识别出共性的问题和改进的方向。这些反馈可以提供宝贵的见解，指导培训机构进行相应的调整和改进。例如，如果多个教师反馈培训内容过于理论化，可以考虑增加实践环节或案例分析；如果教师普遍反映师资水平不够高，可以加强培训师资的选拔和培训计划。

除了采取行动来解决问题，培训机构还应对反馈结果进行全面的分析和评估。这有助于发现潜在的改进机会和未被察觉的问题。培训机构可以借助数据分析工具和技术，对反馈结果进行定量和定性的分析。通过对数据的深入研究，可以获得更全面的认识，为改进提供更有针对性的措施。

此外，培训机构还应建立持续改进的机制和文化。这意味着持续的反思和评估培训的效果，并进行必要的调整和改进。培训机构可以设立定期的评估和反思时间，对整个培训过程进行全面审视，以确保培训的持续改进。同时，培训机构也应与教师保持密切的合作和沟通，建立良好的合作关系，共同推动培训质量的提升。

通过持续改进和反思的过程，培训机构可以不断提高培训的质量和效果，使教师能够更好地发展和成长。定期收集教师的反馈意见和建议，并将其纳入培训计划和改进策略，是培训机构持续改进的关键环节。

（二）分析和总结评估数据

培训机构应对收集到的评估数据进行仔细分析和总结。评估数据可以包括问卷调查的结果、观察记录、面试记录等。通过分析数据，可以识别出培训中的问题和改进的机会。评估数据还可以用于评估机构整体的培训效果和发展趋势，以便更好地制订改进计划和目标。

数据分析方法。选择适当的数据分析方法来解读和理解收集到的数据。对于定量数据，可以使用统计分析方法进行数据的汇总、计算平均值、标准差、相关性等指标，以及生成图表和图形展示数据分布和趋势。对于定性数据，可以使用内容分析或主题分析的方法来提取关键观点和主题。

问题识别和改进机会。通过分析数据，可以识别出培训中存在的问题和发现改进的机会。例如，通过问卷调查结果可以了解教师对培训内容和教学方法的满意度，观察记录可以揭示教师在实际教学中的强项和改进点，面试记录可以帮助评估教师的专业能力和发展潜力。通过识别问题和改进机会，培训机构可以有针对性地制订改进措施和计划。

整体评估和趋势分析。评估数据不仅可以用于评估单个教师的培训效果，还可以用于评估整个培训机构的培训效果和趋势。通过对多个教师的数据进行综合分析，可以发现整体的优点和不足，并识别出机构的优势和改进方向。这有助于制订机构层面的改进计划和目标，以提高培训的整体质量和效果。

结果解释和报告撰写。根据数据分析的结果，培训机构应对发现的问题和改进机会进行解释和说明。可以编写评估报告或总结，将数据分析结果以清晰和易于理解的方式呈现给利益相关方，如教师、管理层或其他决策者。报告应包含关键发现、改进建议和下一步行动计划，以指导培训机构的持续改进和发展。

进一步细化数据分析。在分析评估数据时，可以进一步细化数据，根据不同的维度和特征进行分组和比较。例如，可以将教师按照不同学科领域、教龄、教学经验等进行分类，分析不同群体之间的差异和特点。这样的细化分析可以提供更具体的信息，帮助发现特定群体的培训需求和改进方向。

综合定量和定性数据。评估数据中可能同时存在定量和定性的数据，这两种数据可以相互补充和印证。将定量和定性数据结合起来分析，可以获得更全面的评估结果。例如，定量数据可以提供整体的统计指标和趋势，而定性数据可以提供教师的具体观点和体验。将二者结合，可以深入理解教师的意见和观点，并更好地指导改进措施的制定。

跨时间段比较。对于持续进行的教师培训项目，可以将不同时间段收集的数据进行比较和分析。这样可以了解培训效果的变化和趋势，判断改进措施的成效。通过跨时间段的比较，可以发现长期影响和持续改进的机会，为培训机构提供更长远的发展规划和策略。

分析和总结评估数据是持续改进和反思的关键环节。通过深入分析数据，培训机构可以了解培训的实际效果和局限性，识别改进的机会，并制订具体的改进计划。这有助于提高高校教师的培训质量和效果，不断满足教师的需求和期望，促进教学能力和专业发展的持续提升。

（三）反思培训的内容和方法

评估教学方法和策略。反思培训还涉及评估所使用的教学方法和策略的有效性。培训机构应考虑教学方法是否能够有效地传递知识和技能、激发教师的学习兴趣和积极性。评估教学方法的多样性和适应性，以满足不同教师的学习风格和需求。

考察培训资源和材料。反思培训还需要考察培训所使用的资源和材料的质量、适用性、完整性、准确性、实用性、多样性和创新性以确保其能够支持教师的学习和实践，提供具有挑战性和启发性的学习体验。

收集教师反馈和建议。为了更全面地反思培训的内容和方法，培训机构应积极收集教师的反馈和建议。教师的反馈可以包括他们对培训内容的理解和应用情况、对教学方法的评价和建议，以及对培训资源和材料的反馈意见。通过收集教师的反馈和建议，培训机构可以了解教师的实际需求和期望，进一步优化培训的内容和方法。

组织反思讨论和反馈会议。培训机构可以组织反思讨论和反馈会议，邀请教师和培训师共同参与。这样的会议提供了一个平台，让教师能够分享他们的学习体验、提出问题和建议，并与培训师进行深入的交流和互动。通过组织反思讨论和反馈会议，培训机构可以收集更多有关培训内容和方法的实时反馈，深入了解教师的体验和观点。

整合反思结果和建议。培训机构应整合收集到的反思结果和建议，对其进行综合分析和总结。这包括归纳出教师对培训内容和方法的普遍意见、发现共性问题和改进的机会，并提取出具体的建议和行动点。通过整合反思结果和建议，培训机构可以获得更全面和具体的改进方向，为后续的培训提供参考和指导。

制订改进计划和目标。基于反思结果和建议，培训机构应制定具体的改进计划和目标。这包括明确改进的重点领域、制定具体的改进措施和时间表，并设定可衡量的目标和指标。改进计划和目标应与培训的目标和需求相一致，并考虑到教师的反馈和期望，以确保改进的有效性和可操作性。

跟进和评估改进效果。改进并不是一次性的过程，培训机构应跟进和评估改进措施的效果。通过定期的评估和反馈，了解改进措施的实施情况和效果，识别出仍然存在的问题和需要进一步改进的方面。持续的跟进和评估可以帮助培训机构不断优化培训内容和方法，从而提高培训的质量和效果。

反思培训的内容和方法是一个循环的过程，培训机构应不断收集反馈、分析数据、调整策略，并持续改进和优化培训的内容和方法，以适应不断变化的教育环境和教师的需求。通过持续地反思和改进，培训机构可以提供更有效、有针对性的培训，促进教师的职业发展和提高教育质量。

（四）持续改进培训计划和策略

定期评估和反馈。为了持续改进培训计划和策略，培训机构应定期进行评估和反馈。这可以包括定期的评估调查、教学观察、教师自我评估等方法。通过评估和反馈，培训机构可以了解教师的需求和反馈、了解培训的效果和问题，为改进提供依据和指导。

分析评估结果。培训机构应对收集到的评估结果进行仔细地分析和总结。这包括对教师的反馈意见、培训数据和其他相关信息的综合分析。通过分析评估结果，可以发现培训计划和策略中强项存在的问题和改进的机会。这些分析结果将为改进计划的制定提供基础。

制订改进计划。基于评估结果和分析，培训机构应制订具体的改进计划。改进计划应明确目标和可操作的步骤。它应该包括解决已识别问题的具体措施，以及提高培训内容和方法的相关策略。改进计划应适应教师的需求和期望，为他们提供更加有针对性和有效的培训体验。

调整培训内容和方法。改进计划和策略的一部分是调整培训内容和方法。培训机构应根据评估结果和反馈意见，对培训课程进行修订和更新，以确保其与最新的教育趋势和需求保持一致。同时，培训机构可以尝试新的教学方法和创新策略，以提高教师的参与度和学习成果。

提供支持和资源。持续改进培训计划和策略需要为教师提供支持和资源。培训机构可以提供教师发展机会，如专业培训课程、研讨会和研究项目。此外，可提供教学资源和工具，如教学材料、技术支持和指导，以帮助教师更好地实施改进计划和策略。

评估改进效果。持续改进培训计划和策略的最后一步是评估改进效果。培训机构应定期评估改进计划的实施情况和效果。这可以通过再次进行评估调查、教学观察或其他评估方法来完成。评估改进效果的目的是了解改进计划的成效，确定哪些方面取得了进展、哪些方面仍需进一步改进。

通过评估改进效果，培训机构可以评估改进计划对教师的学习和教学质量的影响。这有助于确定哪些改进措施成功地解决了之前的问题、提高了教师的能力和表现。同时，评估还可以揭示改进计划中的不足之处，为进一步的改进提供反馈和指导。

第六章　高校教师激励机制改革设计

第一节　激励机制改革的原则和策略

在设计高校教师激励机制改革时，可以遵循以下原则和采取相应的策略。

一、公正和公平原则

当设计和改革高校教师激励机制时，公正和公平原则是至关重要的准则。

（一）设立公正的评价标准

为确保教师评价的公正性，高校应设立客观、明确的评价标准。评价标准应基于教师的职责和期望，能够客观地衡量他们在教学、科研和学术服务等方面的表现。标准的制定应充分考虑教育环境和特点，并经过广泛的讨论和专业的研究。

评价标准可以包括教学成果、科研成果、学术服务、教学质量、学生评价等多个方面的指标。每个指标都应明确具体，可以量化或描述性地衡量教师的表现。评价标准应公开透明，让教师清楚了解评价的依据和标准。

（二）促进公平竞争

在激励机制中建立公平竞争的机制，是确保教师能够公平竞争、根据能力和成绩获得相应激励的重要策略。以下是一些具体的措施。

公平的晋升机制。建立公平的晋升通道和程序，确保每位教师有平等的机会参与晋升，并根据能力和成绩获得相应的晋升机会和激励。晋升评审应基于公正的评价标准和程序，避免人为的主观偏见和不公平对待。

公平的奖励机制。建立公平的奖励制度，根据教师的成就和贡献提供相应的奖励。奖励可以包括薪酬增长、绩效奖金、学术荣誉、专业发展机会等。奖励的分配应基于公正的评价和申请程序，确保每位教师都有公平的机会参与奖励申请和评审，并根据自身的表现获得相应的奖励。

公开透明的评价和选拔程序。评价和选拔程序应公开透明，让教师清楚了解评价和选拔的过程和标准。从而避免任人唯亲、任意性或不透明的选拔过程，确保每位教师有平等的机会参与评价和选拔，并根据自身的能力和表现获得公正的结果。评价和选拔的标准应公开公布，确保每位教师了解评价和选拔的依据，以及达到相应水平所需的要求。

（三）促进信息公开和沟通

建立信息公开和沟通机制，确保教师了解激励机制的设计和运作方式。高校应向教师提供清晰的激励政策说明，包括评价标准、奖励制度和晋升通道等方面的信息。同时，高校应定期组织沟通和解答教师的疑问、提供咨询和指导，确保教师对激励机制有准确的理解。

（四）提供培训和发展机会

为了促进公平竞争和提升教师的能力水平，高校应提供培训和发展机会。这包括专业培训课程、学术交流活动、科研项目支持等。通过提供多样化的培训和发展机会，培训机构能够帮助教师提升专业素养、增强竞争力，并为他们在教学和科研方面取得更好的成绩提供支持。

（五）建立申诉和监督机制

为了确保激励机制的公正和公平执行，高校应建立申诉和监督机制。教师应有权利提出申诉，当认为自己受到不公正待遇时，可以向相关部门提出申诉并得到公正的处理。同时，高校应定期进行内部和外部的激励机制评估，确保机制的公正性和有效性，并及时进行调整和改进。

通过遵循公正和公平原则，高校教师激励机制的改革可以建立公平竞争的环境，以激励教师提高教学和科研水平，进一步提升高等教育质量。这些原则和策略的实施需要高校的积极参与和利益相关方的共同努力，以确保激励机制的公正性和有效性。

二、多元化和差异化原则

在设计和改革高校教师激励机制时，多元化和差异化原则是至关重要的。

（一）考虑不同教师的需求和特点

教师在职业发展、个人目标和生活需求方面存在差异。为了满足教师的多样化需求，激励机制需要制定差异化的政策和措施。

灵活的职业发展路径。为教师提供不同的职业发展路径，例如教学研究型、学术研究型、教务管理型等，让教师能够根据自己的兴趣和能力选择适合自己发展的方向。

个性化的奖励方式。根据教师的贡献和表现，提供个性化的奖励方式。例如，对于在教学方面表现出色的教师可以给予教学奖励；对于在科研方面表现突出的教师可以给予科研奖励。通过个性化的奖励方式，能够更好地激发教师的积极性和创造力。

（二）重视多维度的绩效评价

绩效评价应该涵盖教师在多个方面的表现，不仅仅局限于学术成果。多维度的绩效评价可以全面了解教师的工作质量和影响力。

教学效果评价。评估教师的教学效果，包括教学质量、学生学习效果、教学创新等方面。这可以通过学生评价、同行评审、教学观察等方式来进行。

科研项目评价。评估教师在科研项目方面的表现，包括科研成果、科研资金和科研团队建设等方面。这可以通过科研成果的数量和质量、科研项目的获得情况等来进行评估。

学术服务评价。评估教师在学术服务方面的贡献，包括学术活动组织、学术期刊编辑、学术委员会参与等。这可以通过参与学术活动的频率和质量、学术组织的角色和影响力等来进行评估。

（三）提供个性化的支持和发展机会

在激励机制中，还应提供个性化的支持和发展机会。根据教师的发展需求和兴趣，可以提供相应的培训课程、学术交流和专业发展机会。同时，可以鼓励教师参与研究项目、学术团队和学术组织，以拓宽他们的专业视野和增强其学术能力。此外，还可以提供个性化的指导和辅导，帮助教师规划职业发展路径，解决职业中遇到的问题，并提供必要的资源和支持。

（四）建立交流与分享平台

为了促进教师之间的交流与合作，可以建立交流与分享平台。例如，组织定期的学术研讨会、教学工作坊和经验分享会，让教师有机会分享自己的教学方法、科研成果和专业经验。通过交流与分享，可以激发教师的创新意识，提升教学水平，并促进教师之间的协作与合作。

（五）定期跟踪和调整

激励机制应该是一个动态的过程，需要进行定期的跟踪和调整。培训机构应定期评估激励机制的有效性和公平性，收集教师的反馈和建议，并根据实际情况进行必要的调整和改进。通过持续的监测和调整，可以确保激励机制、教师的需求和教育环境的变化保持一致。

在设计和改革高校教师激励机制时，多元化和差异化原则是关键。通过考虑不同教师的需求和特点，制定个性化的发展路径和奖励方式、重视多维度的绩效评价、提供个性化的支持和发展机会、建立交流与分享平台，以及定期跟踪和调整，可以建立一个公平、公正的激励机制，激发教师的积极性和发展潜力，进一步提升高校教学质量和学术水平。

三、激励和支持相结合原则

在设计和改革高校教师激励机制时，激励和支持相结合原则是非常重要的。

（一）提供良好的薪酬福利待遇

薪酬水平是激励教师的重要方面之一。为了提高教师的工作积极性和满意度，高校应合理提升教师的薪酬水平，确保其基本生活需求得到满足。这需要通过调整薪资结构和福利政策，确保教师的工资水平能够与其职业发展和贡献相匹配。同时，还可以考虑提供额外的奖金和津贴，以鼓励教师在教学、科研和学术服务等方面有优秀表现。

除了薪酬，提供适当的福利和社会保障也是重要的支持措施。这可以包括提供医疗保险、养老保险、失业保险和工伤保险等，确保教师在面对意外和健康问题时能够得到必要的保障。此外，还可以提供灵活的工作时间和假期安排，以保证教师的工作与生活平衡。

（二）提供职业发展支持

教师职业发展是激励和支持的关键方面。高校应为教师提供职业发展机会，以帮助他们不断提升自身素养和专业能力。

专业培训和学术交流。高校可以组织专业培训课程、研讨会和学术交流活动，提供教师学习和进修的机会。这可以涵盖教学方法、科研技能、学术写作和领导力等方面，以满足不同教师的发展需求。通过不断学习和交流，教师可以不断更新知识和技能、提高教学水平和学术能力。

科研项目支持。支持教师参与科研项目，提供科研经费和实验设备等资源支持。这可以包括资助教师申请科研项目、组建科研团队和合作研究等。通过参与科研项目，教师可以深入研究领域，提升学术水平和影响力。

提供教学支持和指导。为教师提供教学支持和指导，以帮助他们改进教学方法和提高教学效果。这可以包括教学观摩、课堂指导、教学评估和反馈等。通过与经验丰富的教师合作或接受教育专家的指导，教师可以获得针对性的反馈和建议，从而提升自己的教学能力。

提供导师制度。建立导师制度，让有经验和成就的教师担任新教师的导师，提供个人指导和支持。导师可以分享自己的经验、提供专业建议，并帮助新教师适应工作环境和设计发展规划。导师制度有助于新教师快速成长，并能促进师资队伍的传承和发展。

提供教学资源和技术支持。为教师提供必要的教学资源和技术支持，使他们能够更好地开展教学工作。这可以包括教材、教具、实验设备、信息技术支持等。同时，提供专业的技术培训和支持，帮助教师掌握和应用先进的教学技术和工具，从而提升教学效果。

定期评估和反馈。通过定期的教师评估和反馈机制，了解教师的工作表现和需求，并及时提供相应的激励和支持。评估和反馈可以包括教学观察、学生评价、同行评审等方式，全面了解教师的教学质量和成果。根据评估和反馈结果，可以提供针对性的发展建议和支持措施，帮助教师改进工作、提升自身能力。

激励和支持相结合的原则意味着不仅要给予教师激励和奖励，还要提供必要的支持和发展机会，确保教师能够在职业发展中获得持续的成长和满足感。通过综合运用薪酬福利、职业发展支持、教学支持和定期评估等策略，可以实现激励和支持的有效结合，促进教师个人和教育机构的共同发展。

四、鼓励创新和协作原则

在设计和改革高校教师激励机制时，鼓励创新和协作原则是至关重要的。

（一）强调教师创新和教学改进

鼓励教师进行创新教学实践是激励机制的重要方面。培训机构应该提供支持和鼓励，让教师有机会尝试新的教学方法、教材和教学技术。

创新教学项目资助。设立创新教学项目基金，资助教师开展教学改革和创新项目。教师可以申请经费支持，开发和实施新的教学方法、教学资源和评估工具。这可以激励教师主动应用创新教育理念和进行探索实践。

鼓励教学研究和分享。鼓励教师进行教学研究，并将其成果纳入绩效评估和激励机制。教师可以开展教学研究项目，探索有效的教学策略和方法。同时，鼓励教师分享教学经验和成功案例，通过教学交流会、学术研讨会和教学展示等形式，促进教师间的相互学习和分享。

（二）促进合作与共享

协作和共享是教师间互相支持和学习的重要方式。培训机构应营造支持性的教师团队氛围，鼓励教师间的合作和共享。

教师团队建设。鼓励教师组建教学团队，共同研究和改进教学。团队成员可以互相交流经验、分享资源，并共同解决教学中遇到的问题。教师团队可以通过定期的会议、讨论和项目合作来促进协作和共享。

教学资源共享。鼓励教师分享教学资源和教材。高校可以建立在线平台或资源库，让教师能够共享和获取优质的教学资源。这可以提高教学质量和效率，促进教师间的互相学习和借鉴。

鼓励跨学科合作。高校应促进不同学科教师之间的跨学科合作。通过组织跨学科的教学项目、研究项目或工作组，鼓励教师间的合作和交流。跨学科合作可以促进教师之间的知识共享、创新思维和问题解决能力的提升，为学生提供更全面、综合的教育体验。

提供支持性的创新和协作平台。高校可以建立支持教师创新和协作的平台和机制。这可以是在线教学资源共享平台、创新教学实验室或教学研讨会等。通过这些平台，教师可以互相交流、共享经验、合作开发教学资源和共同解决教学难题。同时，高校还可以提供专业的技术支持和指导，帮助教师实现他们的创新和协作目标。

建立奖励机制以鼓励创新和协作。高校应该设立相应的奖励机制，激励教师的创新和协作。这可以包括创新奖项、协作团队奖励或专项资金的设立等。通过奖励的方式，鼓励教师积极参与创新和协作活动，提高他们的工作动力和创造力。

定期评估和分享创新和协作成果。定期对教师的创新和协作成果进行评估和认可，鼓励教师分享他们的成功经验和最佳实践。这可以通过教学展示、案例分享、研究论文发表等形式来实现。分享、交流创新和协作成果可以促进教师间的学习和借鉴，激发更多教师的创新潜能和合作意愿。

鼓励创新和协作原则的设计和改革高校教师激励机制，可以激发教师的创造力、激情和团队合作精神。通过提供支持、建立平台和奖励机制，培训机构可以打造一个创新活跃、协作共赢的教学环境，进一步提升教师的教学质量和教育教学水平。

五、持续改进和适应变化原则

在设计和改革高校教师激励机制时，持续改进和适应变化原则是关键。

（一）定期评估和调整激励机制

为确保激励机制的有效性和适应性，建立定期的激励机制评估机制是必要的。定期评估可以通过定量和定性的方式，收集和分析教师和利益相关者的反馈和数据，以评估激励机制的实施效果和问题所在。评估的内容可以包括教师满意度调查、绩效评估结果、激励措施的有效性等。根据评估结果，及时发现和解决机制中存在的问题，并根据教育环境和需求变化进行适当的调整和优化。定期评估和调整是确保激励机制始终保持有效性和可持续性的关键措施。

（二）鼓励教师参与激励机制设计

教师是激励机制的主要受益者，他们的参与和反馈对机制的设计和制定至关重要。鼓励教师参与激励机制的设计过程，可以帮助高校更好地了解教师的需求和期望，确保激励机制的公平性和有效性。教师可以通过代表教师群体的机构或委员会，参与机制的讨论、决策和改进。他们可以提供宝贵的意见和建议，分享实际经验和专业知识，帮助高校设计出更贴近实际的激励机制。教师的参与不仅可以提高机制的合理性和可行性，也可以提高教师对机制的认同感和投入度。

（三）建立反馈机制

为了更好地了解教师对激励机制的意见和建议，建立定期的反馈机制是必要的。通过设立定期的反馈机制，教师可以及时表达对激励机制的看法、问题和建议。这可以通过定期的调查问卷、反馈会议、个别面谈等形式进行。机构应认真倾听教师的反馈，对问题和建议进行综合分析和处理。教师的反馈不仅可以帮助高校发现激励机制中的不足和改进点，还可以增强教师对机制的参与感和认同感。通过建立反馈机制，高校可以与教师保持沟通和互动，建立起相互信任和合作的关系。同时，高校应确保反馈机制的透明性和公正性，确保教师的意见能够被认真对待和采纳，并及时向教师反馈高校对意见的处理情况。

（四）鼓励持续学习和专业发展

提供经费支持。为教师提供经费支持，使其能够参加学术会议、培训课程和研究项目等。这可以帮助教师不断更新知识和技能、拓宽学术视野、提高专业水平。

设立奖励机制。设立奖励机制，表彰教师在学术研究和教学改进方面的成就。例如，可以设立学术荣誉称号、教学奖励和专业发展奖金等，激励教师在专业发展方面的积极探索和成果。

提供导师指导。为教师提供导师指导和支持，帮助他们规划和实施个人的专业发展计划。导师可以提供指导意见、分享经验和资源，帮助教师在专业发展道路上取得进步。

持续学习和专业发展的激励措施可以帮助教师保持学习的动力和热情，不断提升教育教学水平和能力，从而推动高校教育的持续改进和发展。

通过持续改进和适应变化的原则，高校教师激励机制可以不断完善和优化，更好地激励教师的工作动力和创新能力。这将有助于提高教育质量、促进教师专业成长，为高等教育事业的发展作出更大贡献。

第二节　激励机制改革的内容和方式

一、提高高校教师的职业认同水平

（一）促进教师交流，增强职业认同

为了提高高校教师的职业认同水平，尤其是对年轻教师来说，可以从以下几个方面着手。

1. 指定入职指导教师

为每位新教师指定一位有经验的同学科的优秀教师作为入职指导教师，建立帮扶关系。制定详细的行为准则，确保指导教师提供有效的指导和支持，并为指导行为计算工作量，给予相应的经济报酬。

2. 鼓励同事交流与沟通

促进教师之间的交流与沟通，营造良好的合作氛围。教师的职业认同包括对作为职业团体成员的认同，因此与同伴教师和学校领导进行经验和观点的交流是重要的。

3. 开展学校活动

开展各种活动，使新教师能够尽快熟悉学校的运行方式，增加对学校文化和领导的感知。这样的活动可以帮助新教师感受到学校对他们的支持，提升他们的归属感和参与度。

研究表明，在支持性、信息通畅和鼓励性的学校文化和领导下，新教师更倾向于展示积极的教学态度，并实现学习和成长。因此，通过促进教师之间的交流和合作，加强与指导教师的协同工作，能够提高高校教师的职业认同水平，为教师的发展和教育质量的提升提供有力支持。

（二）促进经验教师职业认同的关键：参与实践与批判性反思

第一，鼓励教师参与更多的教育实践。教师职业认同的形成与发展是在教师的职业实践中不断建构的过程。因此，为经验教师提供更多参与教育实践的机会是至关重要的。这可以通过鼓励他们参与教学创新项目、带领教学团队、指导实习教师或参与学校改革等方式实现。通过实际参与和贡献，经验教师能够重新感受到教育工作的意义和价值，进一步巩固和提升他们的职业认同。

第二，鼓励教师发展自己的反思技能。反思是与自我相连的关键要素。经验教师应被鼓励培养批判性反思的能力，能够对自己的实践进行深入思考和评估。这可以通过教师间的反思研讨会、专业发展课程、个体辅导等方式来实现。通过反思，经验教师能够将自己的经验与知识和感觉相结合，进一步完善自己的教学实践，并将社会性相关的因素融入自身的教师形象中。

第三，鼓励教师记工作日记。研究发现，教师的工作日记可以帮助他们界定自己的教学实践和认同。教师可以通过书写工作日记来记录教学经验、教学挑战和成就感。这种记录的过程可以帮助他们更清晰地认识自己的教学方式、教学价值观和教学目标。此外，教师将自己的教学故事与同事交流、共享、讨论，不仅能够为教师之间交流对学校教育、学科知识、教育学等的想法提供机会，还能引发关于如何教学实践得更加积极、更加活跃的辩论，是一个能让教师明确他们的职业认同的有效方法。

第四，为经验教师提供专业发展机会和资源也是重要的。通过参加专业研讨会、学术会议和培训课程，经验教师能够不断更新自己的教学知识和技能，与同行交流和学习，扩展教学视野。同时，提供专门的经费和支持，鼓励他们开展教育研究和教学创新项目，激发他们的职业热情和创造力。

第五，学校和机构应该重视和赞扬经验教师的经验和专业知识。通过给予他们更多的教学和领导角色，让他们发挥自己的专业优势，参与教学改革和课程设计，培养新一代教师成长。同时，建立一个支持性的学术和教育文化，鼓励经验教师与其他教师、学校领导进行互动和合作，形成一个共同成长的学习社区。

促进经验教师的职业认同需要鼓励他们参与更多的教育实践，并进行批判性反思。同时，提供专业发展机会和资源，重视他们的经验和专业知识，以及营造一个支持性的学术和教育文化。通过这些方式，经验教师能够继续发展并深化其职业认同，为教育事业作出更大的贡献。

二、缓解高校教师职业倦怠

（一）从学校层面来看

在促进教师职业认同和减少职业倦怠方面，学校层面发挥着重要的作用。以下是在学校层面上改革高校教师激励机制的具体内容和方式。

第一，加强对教师的人性化管理，给予教师人性化的关怀。学校应该将教师视为社会中的个体，满足他们除了物质需求外的社会需求，如爱和归属感。学校管理层应该借助各种途径，例如加强与教师的交流、定期召开座谈会、提供心理健康支持等方式，关心教师的工作和生活，并帮助解决实际问题，如住房、子女教育等。同时，学校应重视教师工会的作用，积极倾听教师的需求和关切，通过与教师协商和合作，提供更全面的支持和帮助。

第二，健全评估体系，建立科学的考核和评估机制。学校应建立公正、公开、公平的考核评估体系，对教师的工作态度和业绩进行全面评估。这包括对教师的工作责任感、教学成绩、科研成果、师德师风等方面的评估。评估的目的是奖惩教师的工作表现，激发他们的内在动力和积极性。学校应确保评估制度的公开透明，遵循奖惩分明的原则，为教师提供公平的机会和公正的竞争环境。同时，学校还应建立激励机制，通过奖励措施和福利待遇，表彰和鼓励那些工作态度端正、业绩出色的教师，为教师提供成长和发展的动力。

第三，为教师提供可持续发展的平台和机会。学校应提供广阔的发展平台，为教师提供在职进修和专业发展的机会。这可以通过组织专业培训、学术研讨会、教学讲座等形式实现。此外，学校可以鼓励教师参与教育研究和创新项目，支持他们开展科研和教学改革实践。学校还应设立教师发展基金，为教师提供经费支持，促进他们参与学术会议、培训课程和研究项目等学术交流活动，提升他们的专业素养和学术影响力。

第四，提高教师的经济地位，增加教师收入。教师的收入状况是影响教师职业倦怠的重要因素之一。学校管理层应该关注教师的经济待遇，努力提高教师的工资水平和福利待遇，确保教师能够享有合理的收入。此外，学校可以设立奖励机制，通过评选表彰优秀教师并给予相应的奖金和激励措施，以激励教师在教学和科研方面取得更好的成绩。

第五，营造积极向上的工作氛围和文化。学校应倡导积极向上的教师工作文化，鼓励教师之间的合作和共享。建立教师团队，组织定期的教师交流活动，促进教师之间的互相学习和经验分享。此外，学校管理层还应关注教师的工作环境和教学资源、提供良好的教学设施和教育技术支持，为教师提供更好的工作条件。

从学校层面改革高校教师激励机制需要加强对教师的人性化关怀，健全评估体系，为教师提供可持续发展的平台和机会，提高教师的经济地位，以及营造积极向上的工作氛围和文化。这些措施将有助于促进教师的职业认同，减少职业倦怠，并提升整个学校教育的质量与效益。

（二）从教师层面

从教师层面来讲职业倦怠是教师对工作的主观体验，教师通过调整自身的个性特征、职业观念等来缓解职业倦怠。

1. 正确认识和评价自己，确立正确的自我概念

不同级别的高校教师在面对教育环境和生源质量的差异时，可能会面临不同程度的职业倦怠。尤其是在某些院校中，由于生源质量较低，教师可能感受到自我效能感的降低，难以获得满足感和成就感，从而增加了职业倦怠的风险。在这种特殊情况下，教师需要正视这一问题，并培养能力去捕捉和体会教育教学工作中学生微小进步的能力，以正确评价自己的工作效果。

自我概念是个体对自己的认知和评价的总和。它包括个体对自身身体、能力、性格、态度、思想等方面的认识。自我概念是一种有组织的认知结构，由态度、信念、观念、思想等构成，将个体的习惯、能力、观念、思想和情感整合在一起，贯穿于个体的经验和行为的方方面面。一个教师只有建立正确的自我概念，才能真实地认识自己、客观地评价自己，才能够坦然面对自己的缺点和不足，达到接纳自己的状态。

为了培养教师的正确自我概念，学校可以采取以下措施。

提供专业发展支持。学校应提供机会让教师参与教学培训、学术研讨和专业发展活动，通过不断学习提升专业能力，教师能够增强自信心，建立积极的自我认知。

提供良好的反馈机制。学校应建立健全的教师评估体系，包括同行评议、学生评价等方式，给予教师及时和具体的反馈。正面的评价和认可可以增强教师的自我效能感，促使

其更加积极地面对工作。

建立支持性的工作环境。学校管理层应营造积极向上的工作氛围，鼓励教师之间的合作和交流。同时，学校应提供必要的资源和支持，确保教师能够顺利开展教学工作，减轻教师的工作压力。

强调个体发展。学校应重视每位教师的个体发展，提供个性化的支持和发展机会。这包括鼓励教师参与教育研究、撰写论文、参加学术会议等，以提升他们的学术声誉和专业地位。同时，学校还应鼓励教师参与教学创新和教研活动，提供创新实验室、教研平台等资源，为教师创造展示才华和实践能力的机会。

建立支持和辅导系统。学校可以设立专门的辅导机构或教师指导团队，为教师提供个人指导和职业辅导。这些机构可以提供职业规划、工作技能培训、教学指导等支持，帮助教师树立职业目标和提升教学能力。

倡导教师交流与合作。学校应鼓励教师之间的交流和合作，促进教师之间的互动和分享。可以组织教师研讨会、教学观摩课等活动，让教师相互学习和借鉴经验，增强彼此的专业认同感和合作意识。

培养积极的心态和情绪管理能力。学校可以开展心理健康教育和心理咨询服务，帮助教师有效管理自己的情绪和压力。此外，学校还可以鼓励教师培养兴趣爱好、保持工作与生活的平衡，提升生活质量和工作满意度。

通过从教师层面培养正确认识和评价自己的能力，学校可以有效促进教师的职业认同，减少职业倦怠的发生。这不仅有助于提高教师的工作满意度和教育教学质量，也有利于营造良好的教育环境和促进教师个体的全面发展。

2. 正确认识职业倦怠

个体应该意识到职业倦怠是教师职业发展生涯中的一个自然现象，它并不是个人能力差或失败的体现，而是教师面临工作压力和挑战时所产生的心理反应。教师的职业发展是一个长期的过程，其中会经历起伏和困难，有时会感到疲惫、失望或失去动力。因此，当教师意识到自己出现职业倦怠的症状时，应该及时调整心态，不要将其视为个人的失败或无能，而要将其看作是一个可克服的挑战、一个成长的机会。

第一，教师需要正视职业倦怠的存在。教师职业具有高度的责任和要求，常常需要面对重复的工作任务、时间压力、学生问题等。这些因素可能会引发疲劳和倦怠，但教师要理解这是一个常见的现象，而不是个人的缺陷。了解职业倦怠的普遍性可以帮助教师认识到他们并不孤单，同时也减少自责和焦虑的情绪。

第二，教师应该主动分析职业倦怠的原因和来源。职业倦怠往往有多种复杂的原因，如工作负荷过重、工作环境不理想、与同事或上级关系不良、缺乏支持和认可等。教师需要仔细思考自己所面临的具体问题，并寻找解决办法。例如，可以通过优化工作流程、寻求协助和支持、改善人际关系、调整工作与生活的平衡等方式来减轻压力和倦怠感。同时，教师也可以寻求专业辅导或心理咨询，获取更深入的帮助和指导。

第三，教师应积极采取措施来克服职业倦怠。这包括制订具体的目标和计划、找到工作中的乐趣和动力、寻求新的教学方法和策略、与同事进行交流和分享经验、参加专业发展活动等。通过主动参与专业成长和学习，教师可以提高自己的专业能力和自信心，增加工作的多样性和创新性。教师可以尝试引入新的教学工具和技术，设计富有挑战性和互动性的教学活动，从而激发学生的兴趣和参与度，同时也为自己注入新的动力和活力。

第四，建立支持系统和寻求支持也是重要的。教师可以与同事建立良好的合作关系，互相支持和分享经验，共同面对职业挑战和倦怠感。同时，寻求学校领导和专业人员的支持和指导，例如参加专业发展培训、教学研讨会等，可以获得专业知识和资源的支持，进一步提升自己的教学能力和自信心。

第五，最重要的是保持积极的心态和持续的自我反思。教师应时刻关注自己的教学目标和职业发展目标，不断审视自己的教学实践，及时调整和改进自己的教学方法和策略。同时，要学会关注和欣赏学生的成长和进步，将他们的成功视为自己教学的成果，从中获得满足感和成就感。

正确认识职业倦怠是教师在面对挑战和困难时的一种正常心理反应。教师需要通过积极的思考和行动来应对职业倦怠，包括分析问题、寻找解决方案、寻求支持和持续地自我反思。通过这些努力，教师能够克服职业倦怠，继续提升自己的教学能力和职业满意度，为学生的成长和发展作出积极的贡献。

3.塑造个人良好的个性特征

教师的个性特征对其职业倦怠心理有着直接的影响。研究表明，具有急躁、自卑、敏感、不善于与人交往等个性特征的教师更容易产生职业倦怠。此外，那些具有外控型人格特征的教师也更容易受到职业倦怠的困扰。然而，个性是在先天遗传素质的基础上，通过家庭、学校和社会等因素的影响逐渐形成的，因此个性是可以通过后天的努力进行塑造和完善的。

教师可以通过以下方式塑造良好的个人个性特征。

确立积极向上的世界观和人生观。教师应该树立积极的人生态度，相信自己的能力和潜力，对待工作和生活中的挑战和困难保持乐观的态度。积极向上的世界观和人生观有助于培养教师的自信心和应对压力的能力，从而减少职业倦怠的发生。

科学分析和评价个性特征。教师应该对自己的个性特征进行科学客观的分析和评价。通过深入了解自己的个性特点和倾向，教师可以更好地认识自己，并寻找改进和提升的方向。教师可以寻求专业辅导或心理咨询的帮助，以更全面的方式了解自己的个性特征和其对职业发展的影响。

磨炼个性特征。教师可以在平日的工作和生活中不断磨炼自己的个性特征。例如，培养耐心、细心和责任心等积极的品质，培养积极应对挫折和困难的能力，以及保持乐观和自信的态度。通过不断地锻炼和发展个性特征，教师可以提高自己的心理韧性和抗压能力，减少职业倦怠的可能性。

扩大人际交往和建立社会支持系统。教师应该注重与同事、朋友和家人之间的人际交往，加强情感联系，增进人际和谐。建立良好的社会支持系统对教师的心理健康和职业发展都起着重要作用。教师可以积极参与学校或社区的教育团体、专业协会或研究小组，与同行进行交流和合作，分享经验和资源。这样的交流和合作可以帮助教师拓宽视野、获取新的教学方法和策略、激发创新思维，并在共同努力中获得支持和认可。同时，教师还可以通过参加教师培训、学术研讨会、研修班等专业发展活动，不断提升自己的专业知识和技能，增强教学的自信心和能力。

此外，教师还可以注重个人生活的平衡和充实。培养健康的兴趣爱好，如阅读、运动、旅行、艺术创作等，这些活动可以帮助教师放松身心、释放压力、培养积极的情绪和心态。教师也可以建立良好的工作与生活的平衡，确保有足够的休息和放松时间。同时，与家人和朋友的互动和支持也是重要的，可以给予教师情感上的支持和鼓励。

通过正确认识职业倦怠，教师可以采取积极的措施来塑造良好的个性特征。这包括确立积极的世界观和人生观、科学分析和评价个性特征、磨炼个性特征、扩大人际交往和建立社会支持系统等。通过这些努力，教师可以更好地应对职业压力、提升自身的心理韧性和抗压能力，实现职业发展和个人幸福的双赢。

第三节　激励机制改革的实施和评估

高校教师激励机制的改革是一个系统性的过程，需要学校管理层、教师个体和利益相关者的共同努力。

一、制定改革方案

制定改革方案是高校教师激励机制改革的关键步骤之一，它需要学校管理层充分考虑实际情况和需求，以确保方案的全面性和可操作性。

（一）收集数据和信息

在制定高校教师激励机制改革方案之前，学校管理层需要广泛收集相关数据和信息，以充分了解教师的期望、需求和意见，现有教师激励机制的现状和存在的问题，以及其他高校或行业内的成功案例和经验教训。

教师期望和需求。学校管理层可以通过组织问卷调查、召开座谈会、个别访谈等形式，直接向教师了解他们对激励机制改革的期望和需求。例如，了解教师对薪酬待遇、职业发展、工作环境、培训支持等方面的期望和需求。

现有激励机制的现状和问题。通过对现有教师激励机制的全面分析和评估，学校管理层可以了解现有机制的运行情况和存在的问题。可以收集教师的意见和反馈，了解他们对现有机制的满意度和不满意度，识别可能存在的不公平、不透明或不灵活的方面。

成功案例和经验教训。学校管理层可以调研其他高校或行业内的成功案例和经验教训，从中汲取启示和借鉴。可以通过文献研究、专业期刊、学术会议等途径获取相关信息，了解其他高校或行业内成功改革的案例，并分析其关键因素和有效做法。

数据分析和比较。学校管理层可以通过数据分析方法，对教师激励机制的关键指标进行比较和评估。可以分析薪酬待遇、职称晋升、绩效考核、科研支持等方面的数据，与其他高校或行业内的数据进行比较，找出差距和改进空间。

经验交流和专家咨询。学校管理层可以组织教师代表团参观访问其他高校，了解其激励机制改革的经验和做法。此外，也可以邀请相关领域的专家进行咨询和指导，提供专业意见和建议，帮助制定更科学、合理的改革方案。

通过充分收集和分析相关数据和信息，学校管理层可以更准确地把握教师的期望和需求，了解他们对激励机制改革的期待和关注。这样可以确保改革方案更贴近教师的实际需求，增加改革的可接受性和可行性。

（二）分析和评估现状

评估现行政策和措施的有效性。学校管理层应对现有的教师激励政策和措施进行评估，了解它们在实际运行中的有效性和成效。这可以通过收集相关数据和统计指标来实现，例如教师的职业发展情况、教学评估结果、科研成果等。评估的重点可以包括教师薪酬待遇、晋升机制、教师培训和发展机会等方面。

识别存在的瓶颈和挑战。通过对现行机制的评估，学校管理层可以识别出存在的瓶颈和挑战。这可能涉及制度性的问题、政策执行的不足、信息不对称等方面。例如，是否存在薪酬分配不公平、职称评审过程繁琐、晋升机会有限等问题。通过识别瓶颈和挑战，可以为改革方案的设计提供重要的参考依据。

评估教师对现行机制的满意度和不满意度。学校管理层应开展调查并采集教师的意见和反馈，评估他们对现行激励机制的满意度和不满意度。可以通过问卷调查、面对面的座谈会、个别访谈等方式进行，确保获得全面和真实的反馈。这将帮助管理层了解教师对现行机制的评价、发现教师关注的焦点和改进的方向。

综合分析和综合评价。在收集和评估现状的基础上，学校管理层应进行综合分析和综合评价。这需要将收集到的数据和信息进行整合，并进行综合分析，以全面了解教师激励机制的现状和问题。在综合分析的过程中，可以采用定量和定性的方法，对数据进行统计和比较，对意见和反馈进行归纳和总结，形成全面而准确的评估结果。

综合评价是根据分析结果对现行机制进行评价，确定其优点和不足之处，以及改革的必要性和紧迫性。评价结果可以帮助学校管理层更好地理解现行机制存在的问题，并确定改革方案的重点和目标。

在综合分析和评价的基础上，学校管理层还应综合考虑其他因素，如学校发展战略、资源限制、政策环境等，以制定出具体可行的改革方案。改革方案应基于分析结果，明确改革的目标、内容、实施步骤和时间表，并考虑到教师的期望和需求。

值得注意的是，分析和评估过程应具有科学性、客观性和中立性。学校管理层应确保数据和信息的收集方法和分析过程的可靠性和有效性，确保评估结果的真实性和准确性。此外，应注重对教师隐私的保密，确保信息的安全性和合规性。

综合分析和评价的结果将为制定改革方案提供重要的依据和指导，确保改革方案的针对性、科学性和可行性，从而推动高校教师激励机制改革的顺利实施。

（三）确定改革内容和政策措施

在确定高校教师激励机制改革的内容和政策措施时，学校管理层应综合考虑分析结果和目标设定，并确保其具体、可操作且与改革目标相契合。

教师职称评审制度改革。学校管理层可以通过优化职称评审标准、简化评审程序、增加评审透明度等方式改革职称评审制度。例如，可以制定更明确的评审指标、加强对教师科研成果和教学质量的评价、提供更多的晋升机会和发展路径。

薪酬和奖励制度改革。学校管理层可以通过调整教师薪酬结构、建立绩效工资制度、设立特殊贡献奖励等方式改革薪酬和奖励制度。例如，可以根据教师的教学质量、科研成果、学术声誉等因素，建立绩效评估体系，将绩效奖励与个人表现和贡献相挂钩。

教师发展和培训机制改革。学校管理层可以加强对教师的培训和发展支持，为教师提供更多的专业发展机会和培训资源。例如，可以设立教师培训基金，资助教师参加学术会议、研修班等学术交流活动，以提供专业发展指导和辅导。

教学负载和工作环境改善。学校管理层可以通过优化教学负载和改善工作环境，来提高教师的工作满意度和生活质量。例如，可以合理安排教学任务，减轻教师的工作压力；改善教学设施和教研办公条件，提供良好的工作环境。

激励机制与学校发展战略的衔接。学校管理层应确保激励机制的设计与学校的发展战略相衔接。例如，针对学校重点学科和特色专业，可以制定特殊激励政策，提供更多的资源和支持；对于重点科研团队，可以设立科研项目经费和科研成果奖励等。

激励机制与教师激励需求的匹配。改革内容和政策措施应综合考虑教师的激励需求，针对不同类型的教师提供差异化的激励机制。例如，对初入职的年轻教师可以设立职业发展规划和导师制度，提供更多的培训和指导支持；对于优秀教师和带头人，可以设立卓越教师计划和学术领军人才计划，提供更多的荣誉和特殊待遇。

强化教学质量评价和激励机制。学校管理层可以加强对教学质量的评价和激励机制，鼓励教师在教学中持续改进和创新。例如，可以建立教学质量评估体系，考核教师的教学效果和学生评价，将优秀教学成果纳入绩效评价体系，并通过奖励机制激励教师在教学方面的突出表现。

提供科研支持和奖励机制。为了促进科研能力和成果的提升，学校管理层可以加强科研支持和奖励机制的改革。例如，可以增加科研项目的经费投入、提供科研设备和实验室支持、设立科研成果奖励和专利授权等激励措施，鼓励教师积极参与科研活动和取得创新成果。

加强教师评价和反馈机制。为了提高教师的工作满意度和专业发展，学校管理层可以建立健全的教师评价和反馈机制。例如，可以定期进行教师绩效评估，将评估结果作为激励和发展的依据；同时，建立良好的反馈渠道，及时回应教师的意见和需求，帮助他们改进教学和专业发展。

改革方案的制定应综合考虑上述内容，确保改革的全面性、可行性和针对性。学校管理层还应与教师代表团体和专家进行广泛沟通和合作，确保改革方案的有效实施和评估。

（四）制订时间表和阶段性目标

制订时间表。学校管理层应制定明确的时间表，包括改革的起止时间、各项任务的完成时间以及重要的里程碑事件。时间表的制定应充分考虑改革的复杂性和可行性，并与学校的整体日程安排相协调。例如，可以确定改革启动的具体日期、制定政策措施的时间节点、评估和调整改革方案的时间等。

确定阶段性目标。为了更好地管理和监督改革进展，学校管理层应制定阶段性目标。阶段性目标可以将整个改革过程分解为若干个阶段，每个阶段有明确的目标和任务。例如，可以根据改革的内容和优先级确定每个阶段的具体目标，如在第一阶段内完善评估体系，第二阶段内调整薪酬制度，第三阶段内建立培训机制等。阶段性目标的设定有助于将改革过程分解成可管理的部分，使改革工作更具可操作性和推进性。

制定里程碑事件。除了明确起止时间和阶段性目标外，学校管理层还应制订重要的里程碑事件。这些里程碑事件标志着改革进程中的关键节点和重要阶段的完成。里程碑事件可以是具体任务的完成、重要会议的召开、政策文件的发布等。通过制定里程碑事件，可以更好地监测和评估改革进展，及时调整和优化方案。

制订时间表和阶段性目标的过程应考虑以下几个方面：

第一，合理性和可行性。时间表和阶段性目标的制订应合理可行，充分考虑改革工作的复杂性、人力资源的安排、相关政策的制定等。时间表的安排应避免过分紧凑或过于宽松，确保改革工作的有序推进。

第二，具体性和可衡量性。时间表和阶段性目标应具体明确，每个阶段的目标应该是可衡量的，便于监测和评估改革进展。目标的设定可以借鉴 SMART 原则，即具体（specific）、可衡量（measurable）、可实现（achievable）、相关（continued）、时间性（time-bound）。例如，一个具体的阶段性目标可以是在 12 个月内完成改革方案的制定和政策文件的发布。

第三，协同性和协调性。时间表和阶段性目标的制订需要与相关部门和利益相关者进行协商和沟通，确保各方的共识和支持。不同部门之间需要协调配合，确保改革进程的顺利推进。此外，与教师代表团体的沟通和参与也是重要的，以获得他们对时间表和目标的理解和支持。

第四，灵活性和调整性。尽管时间表和阶段性目标应该具有一定的可控性和稳定性，但在实施过程中也需要具备一定的灵活性和调整性。如果发现改革进展不如预期或出现新的问题和挑战，学校管理层应及时进行评估和调整，调整时间表和目标，以确保改革的顺利进行。

通过制定明确的时间表和阶段性目标，学校管理层能够更好地组织和管理改革工作，确保改革进程的有序推进，及时发现和解决问题，实现教师激励机制改革的可持续发展。

二、宣传和培训

在高校教师激励机制改革的实施和评估过程中，宣传和培训是至关重要的环节。学校管理层应充分认识到宣传和培训的重要性，并采取相应措施来确保改革方案的顺利推进。

（一）宣传活动

宣传目的和意义。学校管理层应组织宣传活动，向教师和利益相关者清晰地介绍改革的目的和意义。这包括强调改革的重要性、为什么需要改革以及改革的长远价值。宣传活动可以采用多种形式，如校内公告、院系会议、教师代表大会等，以确保信息传递的广泛性和准确性。

改革内容的说明。宣传活动应重点介绍改革方案的具体内容，包括改革的重点领域、政策措施、目标和预期效果。通过生动具体的案例和实际效果的展示，让教师和利益相关者更好地理解和认同改革方案。

利益相关者的参与。宣传活动应积极邀请教师和其他利益相关者参与讨论和意见交流。可以组织座谈会、工作坊或成立专门的反馈小组，为教师提供机会表达观点、提出建议和疑问。这种参与能够增加教师的归属感和参与度，进一步促进改革方案的顺利实施。

（二）培训和指导

改革内容的培训。学校管理层应组织培训活动，帮助教师了解改革的内容和方式。培训可以包括工作室、培训课程、研讨会等形式，针对不同的改革内容提供相关知识和技能培训。例如，针对新的评价体系，可以提供评价标准的解读和应用方法的培训。

参与和享受改革的好处。培训活动应重点强调教师参与改革的机会和好处。学校管理层可以介绍改革后可能获得的职业发展机会、薪酬待遇的提升、工作环境的改善等方面的好处。通过明确改革带来的个人和职业发展机会，以及教学和科研成果的认可和奖励，可以激励教师积极参与改革并享受改革带来的好处。

指导和支持。除了培训，学校管理层还应提供指导和支持，帮助教师应对改革过程中可能遇到的问题和挑战。可以组织专门的工作坊或研讨会，提供具体的指导和操作建议，分享其他学校或行业的成功经验和最佳实践。此外，可以设立咨询渠道或专门的支持团队，为教师提供及时的咨询和支持。

反馈和改进。学校管理层应鼓励教师提供反馈意见，并及时处理和回应。可以定期收集教师的反馈信息，了解他们在改革过程中的体验和问题，以便及时进行调整和改进。学校管理层还可以组织评估活动，对改革的实施效果进行定期评估，发现问题并及时调整改革方案。

建立学习共享平台。学校管理层可以建立学习共享平台，为教师提供一个交流和分享的平台。可以开展经验交流会、案例研讨会、教学展示等活动，让教师互相学习和借鉴。此外，可以建立在线平台或论坛，供教师发布资源、分享经验和讨论问题，促进教师间的合作和共同成长。

通过宣传和培训，学校管理层能够提高教师对改革的理解和认同，增强他们的参与意愿和积极性，为改革方案的顺利实施奠定良好的基础。同时，也能为教师提供必要的知识和技能支持，使他们能够更好地适应和应对改革带来的变化。

三、实施改革措施

根据方案中规定的具体内容，学校管理层应积极推进改革措施的实施。这可能包括建立和完善教师评估体系、调整教师薪酬和福利制度、提供专业发展和培训机会等。在实施过程中，学校管理层应密切关注各项改革措施的推进情况，及时解决可能出现的问题和障碍。

（一）建立和完善教师评估体系

学校管理层可以制定或完善教师评估体系，以客观、公正、科学的方法评估教师的教学和科研成果。可以明确评估指标和标准、建立评估程序和流程，并提供相应的评估工具和指导文件。同时，应确保评估结果的透明性和公平性，及时向教师反馈评估结果，并根据评估结果采取相应的激励措施。

（二）调整教师薪酬和福利制度

学校管理层可以根据改革目标，调整教师的薪酬和福利制度，以更好地激励和回报教师的优秀表现和贡献。可以根据教师的工作质量、教学效果、科研成果等因素，制定差异化的薪酬政策，并建立绩效考核机制。此外，还可以关注教师的福利待遇，如提供良好的工作环境、完善的社会保障和福利制度，以提升教师的工作满意度和生活质量。

（三）提供专业发展和培训机会

学校管理层可以为教师提供专业发展和培训机会，帮助他们不断提升教学和科研能力。可以组织专门的培训课程、讲座、研讨会等，提供教学方法、科研技巧、教育技术等方面的培训。同时，还可以鼓励教师参与学术交流、科研合作和学术团队建设，提供科研项目和资金支持。

（四）改善工作环境和教学资源

学校管理层应关注教师的工作环境和教学资源，为其提供良好的工作条件和支持。可以改善教室设施、实验室设备、图书馆资源等，以提升教学质量和教师的教学效果。同时，还可以改善教师的办公条件，提供良好的工作氛围和学术交流平台。此外，学校管理层还可以加强与行业、社会组织和其他高校的合作，为教师提供更丰富的教学资源和合作机会。

（五）监督和解决问题

在改革措施实施过程中，学校管理层应密切关注各项改革措施的推进情况，并及时解决可能出现的问题和障碍。可以建立监督和评估机制，定期对改革进展进行评估和反馈。如果发现改革措施存在实施困难或不符合预期效果，学校管理层应及时调整方案，采取相应的改进措施，确保改革顺利推进。

（六）参与和沟通

学校管理层应积极与教师和利益相关者进行沟通和合作，确保改革措施的参与度和共识度。可以组织定期的会议、座谈会或工作室，邀请教师代表、教研团队和相关部门的代表参与讨论和决策。通过广泛的参与和有效的沟通，可以凝聚共识，增强改革的可持续性和稳定性。

（七）培养改革氛围

学校管理层应培养一种积极支持改革的氛围，鼓励教师积极参与改革并分享改革的成果。可以表彰先进个人和团队，宣传改革的成功案例，以激发教师的积极性和创造力。通过树立榜样和推动力量，可以促进整个学校的改革动力和效果。

在实施改革措施时，学校管理层应充分意识到改革的复杂性和挑战性，并制订相应的策略和计划。同时，要积极倾听教师和利益相关者的意见和反馈，注重改革的可持续性和适应性，以实现高校教师激励机制改革长期发展和提升教学质量的目标。

四、改革效果评估

改革的效果评估是改革过程中的重要环节。学校管理层应建立评估体系，定期对改革措施的实施效果进行评估和反馈。评估可以通过收集教师的反馈意见、开展调查和访谈、观察教师的工作表现等方式进行。评估结果应及时反馈给利益相关者，并根据评估结果对改革方案进行调整和优化。

（一）建立评估体系

学校管理层应建立完善的评估体系，明确评估的目标、指标和方法。评估指标可以包括教师的工作满意度、教学效果、科研成果、教学负载等方面。评估方法可以采用定性和定量相结合的方式，如问卷调查、个别访谈、观察记录等，以获取全面和准确的评估数据。

（二）多元评估方法

为了获得全面的评估结果，学校管理层可以采用多种评估方法和数据来源。除了收集教师的反馈意见和观察教师的工作表现外，还可以开展定性调研、学生评价、同行评审等方式进行评估。通过多元评估方法，可以获取不同维度和角度的数据，更全面地了解改革的效果和影响。

（三）结果分析和解读

评估结果应进行深入分析和解读，以发现问题、挖掘改进的空间，并为改革方案的调整和优化提供依据。学校管理层可以组织专门的评估小组或专家团队，对评估结果进行综合分析，从中提炼出关键问题和改进方向。分析和解读的过程应注重客观性和科学性，避免主观偏见的影响。

（四）调整和优化改革方案

根据评估结果，学校管理层应及时对改革方案进行调整和优化。可以根据评估结果中的问题和挑战，针对性地调整措施和政策，以提升改革的效果。调整和优化的过程应充分考虑教师的反馈意识，并尊重他们的意见和需求。学校管理层可以组织与教师的对话会议或工作坊，听取他们的意见和建议，了解他们对改革方案的看法和体验。同时，可以通过定期的匿名调查或反馈机制，收集教师的意见和反馈，以获取更广泛的参与和意见。根据教师的反馈和评估结果，学校管理层应及时对改革方案进行调整和优化。可以针对评估结果中的问题和挑战，重新制定改革措施和政策，以解决存在的困难和瓶颈。

此外，调整和优化改革方案时，学校管理层还应考虑改革的整体目标和长远发展。根据评估结果和改革的实际情况，可以灵活调整实施步骤和时间安排，以确保改革的平稳推进。同时，还应与相关部门和利益相关者进行合作和协调，形成改革共识和合力，共同推进改革的成功实施。

通过评估结果对改革方案进行及时的调整和优化，学校管理层可以更好地满足教师的需求，解决问题和挑战，推动改革的有效实施，实现高校教师激励机制改革的长期目标。

五、持续改进和优化

持续改进和优化是高校教师激励机制改革的重要环节，它能够帮助学校管理层不断适应变化的需求和挑战，进一步提升改革的效果和成效。

（一）总结经验和教训

学校管理层应通过组织专门的反思会议或研讨会等形式，邀请相关人员参与，共同分享改革实施中的经验和教训，从中提炼出有价值的教训和启示。

收集成功经验。学校管理层应鼓励教师和相关工作人员分享改革实施中的成功经验。可以邀请具有一定经验和成果的教师代表、学科带头人、优秀团队进行经验交流和分享。他们可以分享改革实施过程中取得的成果、创新的做法、有效的教学策略等，为其他教师提供借鉴和启发。

分析困难和挑战。学校管理层应认真分析改革实施中遇到的困难和挑战，并与相关人员进行深入讨论。可以邀请面临挑战的教师、相关部门的代表或专家顾问分享他们的经验和观点。通过深入剖析困难和挑战的原因和影响，可以更好地理解问题的本质，并寻找解决方案。

提炼经验教训。学校管理层应组织相关人员对分享的经验和讨论的问题进行梳理和总结，提炼出有价值的经验教训。这些经验教训可以涵盖改革实施的关键成功因素、应对困难和挑战的有效策略、改革方案的合理调整等方面。分享和应用经验教训是持续改进和优化的关键步骤。学校管理层应及时将提炼出的经验教训与相关人员分享，并促进其应用到实际的改革工作中。

（二）关注教师需求和反馈意见

座谈会和小组讨论。学校管理层可以组织座谈会或小组讨论，与教师进行面对面的沟通和互动。这可以是定期的院系会议、教师代表大会或专门的工作坊。通过这些交流平台，教师可以表达对改革措施的看法、提出问题和建议。学校管理层应认真倾听和记录教师的意见，与教师共同探讨改革方案的可行性和改进方向。

线上互动平台。学校管理层可以建立线上互动平台，如在线论坛、意见箱、即时通信工具等，为教师提供便捷的反馈渠道。教师可以通过这些平台匿名或实名提出问题、反馈意见、分享经验等。学校管理层应及时回应和解决教师的关注问题，与教师进行互动交流，建立良好的沟通渠道。

考察和实地走访。学校管理层可以定期进行考察和实地走访，深入了解教师的工作环境和工作条件。通过与教师面对面的交流，学校管理层可以直接感受到教师的需求和困扰，并及时采取措施加以改进。

倾听教师代表团体和专家顾问意见。学校管理层应与教师代表团体、专家顾问等利益相关者保持密切联系，倾听他们的意见和建议。教师代表团体和专家顾问具有一定的代表性和专业性，他们能够代表教师群体或提供专业建议。学校管理层可以定期召开座谈会、专家咨询会，与教师代表团体和专家顾问进行深入交流，听取他们对改革方案的意见和建议。这种合作和聆听可以促进学校管理层与教师群体之间的合作与共识，确保改革方案的针对性和可行性。

综合反馈与优化方案。通过收集教师的需求和反馈意见，学校管理层应综合分析和评估，将其纳入改革方案的优化和改进过程。管理层应及时回应教师的反馈，并针对性地进行调整和改进。重要的是将教师的反馈作为改革过程中的重要参考依据，促进教师参与感和归属感的提升，确保改革方案的可行性和可持续性。

通过关注教师的需求和反馈意见，学校管理层能够更好地了解教师的真实需求和期望，从而及时调整和改进改革方案。这种关注和反馈机制的建立，能够增强教师的参与度和认同感，促进改革的顺利实施和持续优化。

（三）针对性改进和优化

根据教师的需求和反馈意见，学校管理层应采取针对性的改进和优化措施。可以针对评估结果和教师的关注点，对改革方案进行细化和调整，强化改革的重点和关键环节。同时，还可以针对改革中出现的问题和挑战，寻找解决方案并进行改进，以提高激励机制的有效性和可持续性。

细化和调整改革方案。通过教师的反馈意见和评估结果，学校管理层可以对改革方案进行细化和调整。可以对改革措施中的具体内容、政策和实施方式进行进一步的明确和完善。例如，如果教师普遍反映评估指标不明确，学校管理层可以对评估指标进行修订和明确，以更准确地反映教师的工作质量和成果。

强化改革的重点和关键环节。根据教师的关注点和评估结果，学校管理层应重点关注改革中的关键环节和问题。可以将资源和精力集中在改革的重要领域，如教师评价体系的建立、薪酬激励政策的制定、专业发展机会的提供等。通过强化关键环节的改进和优化，可以更有效地推动改革的实施和落地。

寻找解决方案并进行改进。学校管理层应积极寻找解决方案，针对改革中出现的问题和挑战进行改进。可以组织专门的研究小组或专家顾问团队，进行问题的深入研究和分析。通过与教师和利益相关者的合作，共同寻找解决方案，并进行改进。例如，如果教师反映教学资源不足，学校管理层可以探索增加教学资源投入的途径，以改善教师的工作条件和教学环境。

持续监测和评估改进效果。改进和优化措施实施后，学校管理层应持续监测和评估改进的效果。可以通过定期的评估和调研，收集教师的反馈意见和评估结果，了解改进措施的实际效果。评估结果可以反馈给教师和利益相关者，以促进更多地参与和广泛的共识。根据评估结果的反馈和分析，学校管理层可以进一步优化和调整改进措施，确保改革的可持续性和有效性。

持续学习和交流。学校管理层应鼓励教师和管理团队进行持续学习和交流，以获取更多的知识和经验。可以组织专门的培训课程、研讨会或跨学校的经验分享活动，促进教师和管理团队之间的互动和学习。通过不断地学习和交流，学校管理层可以拓宽思路、获得新的启示，并将其应用于改进和优化的实践中。

建立改进的长效机制。学校管理层应建立长效的改进机制，确保改进和优化的工作持续进行。可以设立专门的改革工作机构或委员会，负责监督改进的实施。同时，学校管理层也可以制订改进的时间表和目标，以确保改进工作的有序推进和落实。

共享改进成果和经验。学校管理层应与其他高校和教育机构进行经验共享，以推动改进和优化的普及和推广。可以参与学术交流会议、分享会或合作项目，与其他学校共同探讨改革的经验和成果。通过共享改进成果和经验，可以促进整个教育领域的共同进步和提升。

通过针对性地改进和优化，学校管理层可以不断提升高校教师激励机制改革的效果和成效。关注教师的需求和反馈意见，建立改进反馈机制，持续学习和交流，建立改进的长效机制，并共享改进成果和经验，将有助于推动改革的可持续发展和不断提高教师激励机制的质量和效能。

（四）监测和评估改进效果

在进行改进和优化后，学校管理层应继续进行监测和评估，了解改进措施的成效。可以采用类似之前的评估方法和指标，对改进后的方案进行再次评估。通过评估结果的反馈和分析，可以判断改进措施的有效性，进一步优化方案，并为未来的改革提供借鉴。

确定评估方法和指标。学校管理层可以根据改进措施的性质和目标，确定适合的评估方法和指标。评估方法可以包括定性和定量的方法，如问卷调查、访谈、观察、数据分析等。评估指标可以涵盖改进措施的各个方面，如教师满意度、教学效果、科研成果、学生反馈等。通过明确的评估方法和指标，可以确保评估的准确性和可比性。

收集评估数据。学校管理层应收集评估所需的数据，以便对改进措施的效果进行客观地分析和判断。数据收集可以通过多种渠道进行，如在线调查、面对面访谈、文件分析等。可以收集教师的反馈意见、学生的评价、教学数据等信息，以获得全面的评估数据。

分析和解读评估结果。学校管理层应对评估结果进行深入分析和解读，以了解改进措施的效果。评估结果可以通过统计分析、比较分析、主题分析等方法进行处理。重要的是注意评估结果的客观性和科学性，避免主观偏见的影响。通过对评估结果的分析和解读，可以发现改进措施的优势和不足之处，为进一步的优化提供依据。

反馈和沟通。学校管理层应将评估结果及时反馈给利益相关者，如教师、学生和其他相关部门。反馈可以采用不同形式，如报告、会议、个别讨论等。通过与利益相关者的沟通和交流，可以促进对评估结果的共识和理解，并加强参与和支持改进的动力。

优化改进方案。根据评估结果，学校管理层应及时进行优化和调整改进方案。评估结果可以揭示改进措施的问题和不足，提供改进方案的改进建议。学校管理层应充分考虑评估结果中的反馈意见和建议，综合各方面的观点，进行改进方案的优化和调整。优化后的方案应更加符合实际需求和目标，更具可行性和可持续性。

跟进改进措施。学校管理层在优化和调整改进方案后，应密切跟进改进措施的实施情况。可以设立具体的时间表和目标，监督和指导相关部门和人员按照计划执行改进方案。同时，建立有效的沟通渠道，与教师和利益相关者保持密切联系，了解他们对改进措施的反馈和意见。通过持续的跟进和反馈，可以及时发现和解决改进过程中的问题，确保改进措施的顺利实施。

持续评估和反馈。评估和反馈是持续改进和优化的重要环节。学校管理层应定期进行评估，重新收集数据并分析改进措施的效果。评估可以采用之前确定的方法和指标，以确保评估的连续性和可比性。评估结果应及时反馈给利益相关者，并与他们进行讨论和沟通。通过持续的评估和反馈，可以不断改进和优化改革方案，进一步提高激励机制的有效性和可持续性。

借鉴和分享经验。学校管理层还应积极借鉴其他高校和相关领域的成功经验，以丰富和完善改革方案。可以参加行业研讨会、交流会议，与其他学校的管理层和专家进行经验分享和学习。同时，学校管理层也应将自身的改革经验和教训分享给其他学校和相关机构，为他们的改革提供借鉴和参考。

（五）与利益相关者的合作与协调

学校管理层可以与教师代表团体、专家顾问、学生和校友等利益相关者保持紧密联系，共同探讨和解决问题。他们可以提供宝贵的意见和建议，为改革的持续改进提供支持和指导。与利益相关者的合作与协调有助于形成共识和共同推动改革的进展。

建立合作平台。学校管理层可以建立合作平台，与教师代表团体、专家顾问、学生和校友等利益相关者保持紧密联系。可以设立定期会议、工作组或委员会，定期召开合作会议，讨论和解决改革中的问题和挑战。通过建立合作平台，可以促进各方的互动和合作，形成共同的目标和方向。

倾听和尊重意见。学校管理层应倾听利益相关者的意见和建议，并尊重他们的观点和权益。可以通过开展座谈会、听取意见、邀请代表参与决策等方式，积极征求利益相关者的意见。学校管理层应认真对待并仔细考虑这些意见和建议，与利益相关者进行深入的交流和沟通，共同制定改革方案和措施。

共同制定目标和策略。学校管理层与利益相关者共同制定改革的目标和策略。可以开展工作坊、研讨会或专题讨论，以协商的方式确定改革的关键目标、优先事项和行动计划。通过共同制定目标和策略，可以确保各方的利益得到平衡和满足，增强改革的可持续性和有效性。

协同推进改革。学校管理层与利益相关者共同推进改革的实施。可以建立跨部门的工作组或项目团队，由各方共同参与改革的推进和落实。利益相关者可以提供专业知识、资源支持和实施经验，共同解决改革中的问题和难题。通过协同推进改革，可以形成合力，提高改革的成功率和可行性。

分享改革成果和经验。学校管理层应与利益相关者分享改革的成果和经验。可以举行经验交流会、学术研讨会、校友座谈会等活动，分享改革的成功经验和有效做法。同时，也可以向利益相关者提供改革的相关数据和报告，让他们了解改革的实施情况和成果。通过分享改革成果和经验，可以促进利益相关者之间的互相学习和借鉴，进一步提升改革的效果。

（六）灵活应对变化

在持续改进和优化过程中，学校管理层应保持灵活性，及时应对变化和新的挑战。教育环境和需求是不断变化的，因此改革方案需要具备适应性和灵活性，以适应不断变化的情况。学校管理层应密切关注教育领域的发展动态和最新趋势，及时调整和优化改革方案，确保激励机制的持续有效性。

密切关注教育领域的发展动态。学校管理层应保持对教育领域的发展动态的密切关注。教育环境和需求不断变化，出现了新的趋势、理念和技术，这些变化可能会对教师激励机制产生影响。因此，学校管理层应及时了解最新的研究成果、政策变化、教学方法的创新等，以便更好地应对变化并做出相应的调整。

灵活调整改革方案。学校管理层应保持灵活性，根据变化的需求和挑战，及时调整和优化改革方案。当出现新的情况和问题时，学校管理层应该对现有的激励机制进行评估，识别需要改进的方面，并制定相应的调整措施。这可能包括改变激励政策、调整评估指标、优化师资培训等。灵活调整改革方案有助于保持改革的有效性和适应性。

创新应对变化的策略。面对变化和新的挑战，学校管理层应鼓励创新，并寻求新的策略来应对变化。这可能包括探索新的激励方式和方法、引入新的教学技术和工具，以及建立新的合作伙伴关系等。通过创新应对变化的策略，学校管理层可以更好地满足教师和学生的需求，并保持在不断变化的教育环境中的竞争力。

建立学习型组织。为了更好地应对变化，学校管理层可以努力建立学习型组织的文化和氛围。学习型组织注重持续学习和适应性，鼓励教师和管理层不断学习、反思和创新。学校管理层可以提供培训和发展机会，鼓励教师参与专业交流和研究，以增强他们的适应能力和创新能力。同时，学校管理层自身也应不断学习和更新知识，保持对变化的敏感度。

建立灵活的政策和流程。学校管理层可以审视现有的政策和流程，是否能够适应不断变化的需求。如果发现存在僵化、不灵活的政策或流程，应考虑进行调整和优化。灵活的政策和流程可以更好地适应变化和创新，提高改革的响应速度和效率。

建立合作伙伴关系。学校管理层可以与其他学校、教育机构、行业组织等建立合作伙伴关系，共同应对变化和挑战。合作伙伴可以提供不同的资源、专业知识和经验，共同探索和实施创新的激励机制。通过与合作伙伴的合作，学校可以获取更多的观点和思路，从而提高改革的质量和影响力。

持续改进和优化的实施是一个迭代的过程，需要学校管理层的持续关注和努力。通过总结经验教训、关注教师需求和反馈、针对性改进和优化、监测和评估改进效果以及与利益相关者的合作与协调，学校管理层可以不断提升高校教师激励机制改革的质量和效果，为教师的发展和学校的发展提供有力支持。

第七章　高校教师培训管理的信息化应用

第一节　信息化应用的概念和特点

一、信息化应用的概念

高校教师培训管理的信息化应用是指利用信息技术和信息系统，对教师培训管理过程进行数字化和网络化处理，以提高管理效率、优化资源配置、促进教师专业发展的一种管理模式。它涵盖了各类信息化技术、工具和平台的应用，包括但不限于教师培训管理系统、在线学习平台、数字化资源库等。

（一）教师培训信息系统

通过建立教师培训信息系统，将教师培训管理的各个环节纳入数字化管理范畴。这些信息系统可以包括培训计划制订、培训资源管理、培训活动组织与安排、培训成绩管理等功能模块，实现对培训管理过程的集中、规范和高效管理。

（二）在线学习平台

信息化应用可以提供在线学习平台，为教师提供灵活的学习环境和学习资源。通过在线学习平台，教师可以随时随地参与培训课程、获取学习资料、与其他教师进行交流和协作，提升自身的专业能力和教学水平。

（三）数字化资源库

信息化应用可以建立数字化资源库，将各类教师培训相关的教材资料、案例研究等教学资源进行数字化存储和管理。教师可以通过搜索、下载和分享等方式，方便地获取所需的教学资源，从而提高教学质量和效果。

（四）数据分析与评估

信息化应用可以进行教师培训管理数据的分析和评估，帮助管理者了解培训效果、掌握培训需求、制定决策。通过数据分析，可以发现培训的问题和瓶颈，及时调整和优化培训计划，提高培训管理的效果。

二、信息化应用在高校教师培训管理中的特点

信息化应用在高校教师培训管理中具有以下特点。

（一）自动化和高效性

信息化应用能够自动化教师培训管理流程，减少手工操作和繁琐的事务处理。通过信息化系统，可以实现教师培训计划的自动生成、培训资源的自动分配、培训活动的自动统计等功能，提高管理效率和工作效能。

（二）数据集成和共享

信息化应用可以整合和共享各类教师培训管理相关的数据和信息。通过信息系统，可以集中存储和管理教师的培训记录、培训成果、专业发展需求等信息，实现数据的共享和共同利用，为管理决策提供准确和全面的依据。

（三）个性化和定制化

信息化应用能够根据不同教师的需求和特点，提供个性化和定制化的培训管理服务。通过信息系统，教师可以根据自身的发展需求和兴趣来选择适合的培训课程、参与在线学习、获取教学资源等，获得个性化的培训管理体验。

（四）实时性和即时性

信息化应用可以提供实时的教师培训管理信息和服务。通过信息系统，教师可以随时查看培训计划、报名情况、培训成绩等相关信息，及时了解培训进展和自身的学习情况。同时，管理人员也可以实时监控和分析培训数据，及时做出决策和调整。

（五）统计分析和评估

信息化应用能够进行统计分析和评估，提供对教师培训管理效果的定量和定性评估。通过信息系统，可以对教师的培训参与情况、培训成果、专业发展水平等进行统计和分析，帮助管理人员了解教师培训的整体情况和效果，为进一步改进提供依据。

第二节　高校教师培训管理的信息化现状和问题

一、教育信息化发展现状

当前，教育信息化在全球范围内得到了广泛关注和推动，包括中国在内的许多国家都在积极推进教育信息化的发展。

（一）教育信息化政策和规划

在世界发达国家，如美国、英国、新加坡、韩国等，教育信息化发展已得到政策层面的明确支持。这些国家制定了教育信息化规划，明确了发展目标和路径，并将提升教师信息化教学能力纳入教师培训和评估体系中。中国也出台了自己的一系列政策和文件，如《中长期教育改革和发展规划纲要》和《教育信息化“十三五”规划》等，明确了教育信息化的重要性和发展方向。然而，目前仍存在一些问题，如政策的贯彻力度和执行效果仍有待加强，需要进一步加大政策的宣传和推广力度。

（二）教师信息化能力培养

在发达国家，教师信息化能力培养已成为教学基本技能之一，相关培训机构和课程得到了广泛发展。这些国家通过建立完善的教师培训体系，提供信息化教育培训课程、研讨会和实践机会，使教师能够全面掌握信息技术和教育技术的应用能力。而在中国，虽然政府加大了对教师信息化培训的投入，但仍存在培训资源不均衡、培训内容和形式单一、培训师资力量不足等问题。需要进一步加强教师信息化能力培养的规划和资源支持，注重培训的实效性和个性化。

（三）教育信息化教学标准

在发达国家，已经形成了一套完善的教育信息化教学标准，将信息化教学纳入教师职业资格认证的评价体系中。这些标准包括对教师信息化教学能力的要求和评价指标，旨在推动教师信息化教学水平的提升和设立教师信息化能力的统一标准。在中国，目前仍在探索和建设教育信息化教学标准体系，该体系将对教师的信息化教学能力进行明确评价和认证。然而，标准的制定和推行还面临一些挑战，如标准体系的建立需要与实际教学需求相匹配，教师对标准的理解和应用需要加强，相关的培训和评估机制也需要进一步健全。

（四）教育信息化资源和平台建设

在发达国家，已经建立了丰富的教育信息化资源和平台，如教育云平台、在线教育资源库等，为教师提供丰富的教学资源和工具。这些资源和平台能够支持教师的教学活动和教学设计，并提供个性化的教学辅助功能。在中国，虽然已经建设了一些教育信息化资源和平台，如数字教材、在线教育平台等，但仍面临资源内容不够丰富和质量不高的问题。同时，教育信息化平台的使用和推广也需要进一步加强，确保教师能够充分利用这些资源和平台进行信息化教学。

（五）教育信息化评估和监测

在发达国家，教育信息化发展得到了系统的评估和监测。通过定期的调查和评估，能够及时了解教育信息化的发展状况和问题，并针对性地制定改进措施。在中国，虽然已经进行了一些教育信息化的评估和监测工作，但仍需要进一步完善评估指标体系、加强数据收集和分析，以及将评估结果应用于政策制定和实施过程中，从而实现对教育信息化发展的动态监测和有效引导。

尽管教育信息化在全球范围内得到了广泛关注和推动，但在高校教师培训管理的信息化方面仍面临一些挑战和问题。为了更好地推动教师信息化能力的提升，需要进一步加大政策的贯彻和执行力度，加大教师信息化培养的支持力度，建立教育信息化教学标准体系，完善教育信息化资源和平台，以及加强教育信息化评估和监测。此外，还需要注重教师的参与和反馈，积极倾听教师的声音，了解他们在教育信息化发展中的需求和困难，根据实际情况调整、改进培训和支持措施。

二、教育信息化发展遇到的问题

目前很多教师认可现代教育技术在改进教学中的重要作用。他们认为这种作用是多方面的，如提高学生学习兴趣，开阔学生视野；突出教学重点，解决教学难点；用于发现式教学，推进素质教育；提高教学质量，减轻教师工作负担等。

（一）意识已经更新、理论比较薄弱

尽管绝大部分教师的思想意识已经更新，意识到开展教育技术培训的必要性，并且在硬件设施操作技能方面有了显著提高，但教师对教育技术的理论基础的重视程度仍然不够。虽然许多教师已经能够熟练操作多媒体系统以及一些专业软件工具，但只有少部分教师能够将教育技术理论与教学工作相结合，并能够灵活应用教育学、心理学等理论指导实际教学。这种现状存在一些问题和挑战。

1. 理论基础相对薄弱

目前，教师在教育技术培训中主要关注硬件设施操作和工具应用，对于教育技术的理论知识了解存在不足。这种现状存在一些问题和挑战，需要更多的关注和改进。

第一，教师在教育技术理论方面的学习和培训需要得到更多的重视。理论基础对于教师在教育技术的应用中起着指导和支撑的作用。教师应该注重教育技术的理论学习，包括教育技术的原理、教育心理学、学习理论等方面的知识。只有通过深入的理论学习，教师才能更好地理解教育技术的本质和原则，从而更有效地应用和创新教育技术。

第二，教育技术的理论基础需要融入教师培训的内容和方法中。当前的教育技术培训主要以技术操作为主，缺乏对教育技术理论的深入培养。应当将教育技术的理论知识纳入培训内容中，重视教育技术的原理、教学设计、评估等方面的理论学习。培训方法也应更加多样化和富有灵活性，结合理论学习与实践操作，鼓励教师在实际教学中进行教育技术的创新实践。

2. 教师培训的内容和方法需要优化

第一，培训内容应更加注重教育技术的原理和基本理论。教育技术不仅仅是工具和设备的应用，更是一门涉及教育学、心理学、学习理论等多学科交叉的学科。因此，教师培训应该重视教育技术的理论知识，包括教育技术的概念、发展历程、教学设计原理、评估方法等方面的学习。培训内容应涵盖教育技术的基本概念和理论框架，帮助教师理解教育技术的本质和应用原则。

第二，培训方法应更加多样化和具有灵活性，结合理论学习与实践操作。目前的培训方法主要以理论讲解和技术操作为主，缺乏对理论知识的实践应用和教学设计的实践训练。培训可以引入案例分析、项目研究、教学观摩等多种方法，鼓励教师在实际教学中进行教育技术的创新实践。例如，可以通过教学设计比赛、教学视频分享、教学反思报告等方式，让教师将教育技术理论与实际教学相结合，提升教育技术应用的能力和水平。

第三，培训内容和方法的个性化和差异化也是需要考虑的。教师在教育技术方面的知识储备和应用水平存在差异，因此，培训应该根据教师的需求和能力差异进行个性化设

计。有些教师可能需要更多的基础知识学习，而另一些教师可能需要更多的高级应用和创新实践的培训。因此，培训机构可以开设不同层次、不同专题的培训课程，满足教师的不同需求。

3.教育技术专业人才的培养需加强

当前，教育技术专业人才的培养相对不足。在高校教师培训管理中，应注重培养具备教育技术专业背景的人员，他们可以提供更深入的教育技术理论指导和专业支持，促进教师培训管理的信息化应用和教育技术的创新。

缺乏专业化的培养方案。许多高校在教育技术专业人才的培养方面缺乏系统性和专业性的培养方案。教育技术涉及多个学科领域，如教育学、心理学、计算机科学等，因此需要全面的专业知识和技能。然而，现有的培养方案常常缺乏对不同学科领域的内容的整合和深化，导致教育技术专业人才的知识结构和能力发展不够全面和深入。

教育技术理论与实践脱节。一些教育技术专业人才在学习过程中缺乏与实际教学环境的紧密结合。教育技术的理论知识需要通过实践来巩固和应用，而现有的培养模式往往偏重于理论学习，忽视了实践教学环节。这导致教育技术专业人才在实际应用中遇到困难，难以将理论知识转化为实际教学能力。

师资力量不足。教育技术领域的知识和技能在不断发展，需要教师具备持续学习和更新的能力，以跟上技术的发展和变化。然而，现实中许多高校的教师队伍中缺乏具有教育技术专业背景的教师，导致无法满足教育技术专业人才培养的需求。缺乏具备教育技术专业背景的教师带来了教育技术理论指导和专业支持的不足，影响了教师培训管理中的的信息化应用和教育技术创新的推进。

不适应快速变化的技术发展。教育技术领域的技术和工具不断更新和演进，如人工智能、虚拟现实、增强现实等。然而，部分高校教育技术专业人才的培养滞后于技术发展，无法及时了解和掌握最新的技术趋势和应用。这使得教育技术专业人才在面对新兴技术的教育应用和创新时存在一定的困难。

教师培训与学科专业融合度需提高。教师在教育技术培训中往往缺乏与自身学科专业的融合。应该将教育技术培训与学科专业相结合，通过学科导师和教育技术专家的指导，帮助教师在实际学科教学中运用教育技术，从而提高学科教学的质量和效果。

（二）培训需求集中在网络知识方面

随着互联网和信息技术的迅速发展，教育领域也面临着数字化和网络化的转型。教师需要适应这一变化，掌握网络知识成为他们的紧迫任务之一。

首先，教师需要了解网络教育的基本原理和概念。他们需要了解在线教学平台、远程教育技术、网络教学工具等与网络教育相关的基本概念和理论。这些知识将帮助教师理解网络教育的本质、优势和挑战，为他们在实际教学中应用网络技术提供理论指导。

其次，教师需要掌握网络教学的设计和组织能力。网络教学具有不同于传统教学的特点和模式，需要教师具备设计和组织在线课程的能力。教师需要学习如何制定在线课程的教学目标、教学内容和教学活动，如何利用网络工具和平台进行课程交流和互动，以及如何评估学生的学习成果等。掌握这些技能将帮助教师有效地设计和组织在线教学活动，提高学生的学习效果和满意度。

最后，教师还需要学习网络教学的评估方法和策略。教师需要了解网络教学中的评估原则和方法，学习如何设计在线测验、作业和项目，以及如何利用数据分析工具来评估学生的学习情况。通过有效的评估，教师可以及时了解学生的学习进展，并对教学进行调整和优化。

（三）学校的组织保障工作还有待提高

在高校教师培训管理中，学校的组织保障工作存在一些问题，影响了教育技术培训的效果和质量。

1. 培训方式相对落后

初期的教育技术培训工作以全脱产面授为主要方式，辅之以一些网络课程或网站的支持。然而，这种方式相对比较落后，无法满足教师对灵活、个性化学习的需求。学校应该关注到现代化信息技术的发展，推动培训方式的创新，引入在线互动培训、混合式培训等方式，提供更多元的学习渠道，以适应不同教师的学习风格和时间安排。

首先，全脱产面授培训需要教师抽出较长时间参加培训，对于一些教学任务较重或无法脱产的教师来说，参与面授培训可能面临困难。此外，面授培训往往只能在特定的时间和地点进行，对于时间安排较为紧张的教师来说，可能无法适应培训的时间要求。

其次，仅依靠一些网络课程或网站的支持也不能满足教师的全面学习需求。虽然网络课程和网站具有灵活性和便捷性，但教师在自学过程中容易遇到学习困惑，需要及时解答和指导，而仅依靠网络课程和网站难以获得个性化的教学支持。

2. 学校服务工作不足

教学地点的安排不够周到。学校在教师培训中应该充分考虑教学地点的选择和安排。教学环境的舒适性和设施的完善对于培训效果至关重要。然而，一些学校在选择培训地点时可能没有充分考虑到教师的学习体验，导致培训场所的硬件设施不完善，缺乏良好的学习条件，给教师带来不便和困扰。学校应该加强对教学地点的调研和评估，确保培训场所能够提供良好的学习环境，如宽敞明亮的教室、舒适的座椅、稳定的网络连接等。

培训教师的选择和配备不合理。培训教师是教师培训的核心资源，他们的专业水平和教学能力直接影响着培训的质量。然而，一些学校在培训教师的选择和配备上存在一定的问题。有些培训教师缺乏教育技术专业背景，无法提供深入的教育技术理论指导和专业支持，影响了教师培训的效果。学校应该加强对培训教师的选拔和培训，优先选择具备教育技术专业背景和丰富教学经验的教师，确保培训教师具备全面的专业知识和教学能力。

培训考核机制不够科学和完善。培训考核是评价教师培训效果和成果的重要手段，对于推动教师的学习动力和提高培训质量具有重要意义。然而，一些学校的培训考核机制存在不足，无法全面、准确地评估教师的学习成果和教学能力。学校应该建立科学的培训考核机制，结合实际情况，采取多种评价方式，包括课程作业、教学设计、教学观摩等，全面评估教师的培训成果。此外，还应为教师提供详细的评估标准和反馈机制，帮助他们了解自身的培训进展，并针对性地改进和提升。

服务支持不充分。学校在教师培训中的服务工作需要更加充分。这包括培训过程中的咨询与指导、学习资源的提供与更新，以及对教师的学习进展和困难进行跟进和支持等。学校应建立健全的咨询机制，提供专业的教育技术咨询服务，帮助教师解决培训中的问题和困惑。同时，学校还应及时提供相关学习资源，包括教材、文献、案例等，以满足教师的学习需求。此外，学校应该建立学习跟踪系统，定期了解教师的学习进展和困难，及时提供支持和指导，确保教师能够顺利完成培训目标。

缺乏持续的支持和发展机制。培训仅仅是教师专业发展的起点，学校应该建立持续的支持和发展机制，促进教师在教育技术领域的长期成长。学校可以设立专门的教师发展中心或部门，提供持续的培训和学习机会，为教师提供进一步提升的平台和资源。此外，学校还应鼓励教师参与教育技术相关的学术研究和实践活动，激发他们的创新思维和探索精神。

学校在教师培训管理中存在服务工作不足的问题。为改善这一状况，学校应加强教学地点的选择和安排、提升培训教师的素质与能力、完善培训考核机制、提供充分的服务支持、建立持续的支持和发展机制，以确保教师培训的效果和质量。这样能够更好地满足教师的学习需求，提升其教育技术的应用能力，促进教育教学质量的持续提升。

3. 自学方面的组织保障不足

对于教师的自学培训，学校也需要提供相应的组织保障工作。学校应当负责教材的发放和更新，进行有组织的学习效果测评，建立在线学习平台，提供教师交流和学习的机会，激发教师间的学习动力和合作。

教材发放与更新不及时。学校在自学培训中应当负责教材的发放和更新工作。然而，某些学校在教材发放方面存在一定的滞后性，导致教师无法及时获得最新的学习资料。教材的及时发放对于教师的学习进展至关重要，它是教师进行自主学习的基础。学校应当建立健全的教材发放机制，确保教师能够在开始自学之前获得所需的教材，并及时更新教材内容，以适应教育技术领域的快速发展。

缺乏有组织的学习效果测评。在自学培训过程中，学校应当进行有组织的学习效果测评，对教师的学习成果进行评估和反馈。然而，一些学校在自学培训中缺乏有效的测评机制，无法准确评估教师的学习成果和掌握程度。学校可以通过考试、作业、项目等方式进行学习效果的测评，确保教师的自学能力得到有效衡量。同时，学校应当及时给予教师学习成果的反馈，帮助教师发现自身的不足之处，加以改进和提升。

第三节 高校教师培训管理的信息化应用策略和实践

一、“交融法”培训模式

在高校教师培训管理的信息化应用中，“交融法”培训模式是一种有效的方法。这种培训模式将技术传授与理论讲解相融合，通过将理论与技术的相互交叉应用，实现教师培训中理论和实践的有机结合，从而提高教师的技能水平和理论素养。

该培训模式的核心思想是在各种技能培训过程中，将现代教育思想、教学设计理念、知识管理理论等与技术传授相结合。举例来说，当进行 Word 图文处理软件的培训时，除了讲解基本操作外，培训教师还应引导被培训教师应用 Word 进行信息化教案的编写。这样一来，教师不仅可以锻炼操作能力，还能够对信息化教案编写产生兴趣，同时引入教育技术理论，并提出现代教师应具备编写信息化教案的能力。通过这种方式，技术操作和教育技术理论在培训过程中相互融合，实现了理论与技能的共同提高。

“交融法”培训模式的优势在于充分考虑了成人学习者的特点和学习需求。成人学习者通常以任务为导向，希望解决具体问题，并期待看到学习成果。因此，将技能培训和理论培训交叉进行可以满足教师的学习需求。技能培训具体、可操作性强，能够激发学员的积极性和学习动力，并带来明显的学习效果。而理论培训则较为抽象、不易操作，但通过与技能培训相结合，可以缓解教师接受技能培训的压力，同时为教师提供消化理论的时间和空间。理论与技能的相互交融使教师能够在培训过程中逐步提升技能水平的同时，也提高了理论水平。在实施“交融法”培训模式时，有以下几个关键方面需要注意。

（一）教师培训师资的选择和培养

为了有效实施“交融法”培训模式，学校应当选择具备丰富教学经验和教育技术专业背景的培训教师。这些培训教师应具备深入理解教育技术理论和应用的能力，并能将理论与实践相融合，为教师提供全面的指导和支持。此外，学校还应加强培训师资队伍的培养和发展，提供持续的教师专业发展机会和培训，以提高培训教师的教学能力和专业素养。

（二）教学活动设计的整合性和连贯性

在“交融法”培训模式中，学校需要设计整合性和连贯性的教学活动。教学活动应在技术操作和理论讲解之间建立联系，使理论指导思想贯穿技术讲解，同时通过案例形式展示理论教学思想。通过设计连贯的教学活动，教师能够更好地理解和应用教育技术的理论知识，提高技能水平。

（三）提供丰富的案例和实践环境

为了支持“交融法”培训模式的实施，学校应提供丰富的案例和实践环境。案例应涵盖不同领域的实际应用情境，引导教师将所学理论与实际问题相结合，培养其解决问题的能力。此外，学校还应提供适当的实践环境，例如实验室、模拟教室等，让教师能够进行实际操作和练习，巩固所学技能。

（四）引入合作学习和反思环节

合作学习是“交融法”培训模式的重要组成部分。学校可以鼓励教师之间进行合作学习，共同解决问题和分享经验。合作学习可以通过小组讨论、教学观摩、项目合作等形式进行。此外，可以在培训过程中引入反思环节，让教师对自己的学习和实践进行反思和总结，以提升培训的效果和教师的自我发展能力。

（五）评估和反馈机制

为了确保“交融法”培训模式的有效性，学校应建立评估和反馈机制。通过定期的学习效果测评，可以对教师的学习成果进行评估和反馈。评估可以采用考试、作业、项目等方式，综合评价教师在技术操作和理论应用方面的表现。同时，及时反馈学习成果和问题，帮助教师检验和巩固所学知识。通过评估和反馈，教师可以不断调整学习策略和目标，进一步提升自己的教育技术能力。

（六）建立在线学习平台

为支持“交融法”培训模式的实施，学校可以建立在线学习平台，提供教师交流和学习的机会。在线学习平台可以为教师提供多种学习资源，包括教学视频、教材、案例分享等。同时，通过在线平台，教师可以进行交流和合作学习，分享经验和教学实践，促进彼此之间的学习动力和合作精神。

（七）持续的教师专业发展

为了保持教师的学习动力和提升教育技术能力，学校应提供持续的教师专业发展机会。这可以包括参加学术研讨会、教育技术培训课程、研修班等。通过参与专业发展活动，教师可以不断更新知识和技能，与行业最新发展保持同步，并提升自己在教育技术领域的专业素养。

二、系本培训与校本培训

在高校教师培训管理的信息化应用中，校本培训和系本培训是两种常见的培训模式。尽管校本培训在经济性和灵活性方面具有优势，但教师普遍感到信息技术与课程的整合较为困难。因此，越来越多的高校开始尝试系本培训模式，将培训范围缩小到院系级别，以提供更具体、更有针对性的教师培训。

校本培训模式是指由培训中心或专门机构负责统一组织的培训活动，针对全校教师的需求进行培训。虽然校本培训的便利性使得教师无须离开教学岗位即可参与培训，但由于培训内容无法很好地体现学科差异，往往出现“文理混合学习”的情况。此外，由于培训规模较大，涉及多个学科和教学层次，因此难以达到预期的培训效果。在实施校本培训时，往往只能进行一些纯技术上的讲解，与教学实际的联系较为困难，更加困难的是在培训过程中运用教育技术理论指导教学实践。

相对于校本培训，系本培训模式将培训的单位缩小到院系级别，更加关注个体教师的培训需求和特点。系本培训的主要优势在于将主要精力放在培养院系骨干教师上，减轻了教育技术培训中心的负担，使其能够更多地关注如何调动全校教师参与培训的积极性，并研究培训模式的改进。系本培训能够具体到每个教师，更好地照顾到教师个体的差异。此外，系本培训还能够组织同一院系的教师形成一个班级来进行学习，通过各种方式解决教师在课堂中面临的问题。它能够围绕实际问题展开，与教师的教学利益密切相关，因此容易调动全体教师的学习积极性。同时，系本培训也可以邀请校内外的教育技术专家和教育技术中心的培训教师进行指导，为教师提供更专业的知识指导。在实施系本培训时，需要注意以下几个关键方面。

（一）确定培训目标和需求

在开始系本培训前，有必要充分了解教师的培训需求和院系的特点，以便能够确立明确的培训目标。通过对教师的需求调研和院系特点的分析，可以更准确地把握培训的方向和重点，从而更有针对性地设计培训内容和活动，以满足教师的实际需求。

通过充分了解教师的培训需求和院系的特点，可以确立明确的培训目标。这将为后续的培训内容设计、教学活动安排和评估反馈提供基础。同时，定期进行需求调研是确保培训与实际需求相匹配的重要手段。可以定期组织教师需求调研，收集教师对培训的意见和建议。通过问卷调查、面谈、座谈会等形式，了解教师对培训内容、形式、时间安排等方面的期望和需求，以便更好地满足教师的实际需求。

在收集教师需求的同时，也需要综合考虑院系的特点和发展方向。这可以通过与院系教师和管理人员的深入沟通、参观学习和专业研讨等方式进行。了解院系的特色学科、教学特点、教师队伍结构和培养目标，可以更好地把握培训目标的定位和重点。同时，还应关注教育技术的最新发展趋势和学科前沿，以便将培训与教育技术的前沿理论和实践相结合，提供更具有针对性和前瞻性的培训内容。

基于教师需求和院系特点的分析，确定明确的培训目标是保证培训有效性的重要步骤。培训目标应该具体、可量化、可达成，并与教师的实际需求紧密关联。例如，培训目标可以包括提升教师的教育技术知识与技能、推动信息技术与课程整合、促进教学方法创新等方面。通过明确的培训目标，能够指导培训内容的设计和教学活动的安排，确保培训的针对性和有效性。

在确定培训目标和需求后，还应制订详细的培训计划和实施方案。培训计划应包括培训内容、培训形式、培训时间安排等。培训内容应充分考虑教师的实际需求和院系特点，以提供实用的教育技术知识和技能。培训形式可以多样化，包括讲座、研讨会、工作坊、实践操作等，以满足不同教师的学习风格和需求。培训时间安排应灵活合理，以充分保障教师的参与度和培训效果。

（二）设计细致的培训方案

系本培训需要制订详细的培训方案，包括培训内容、教学方法、培训时间安排等。培训内容应该紧密结合教师的教学实践，充分考虑到信息技术与课程整合的问题。同时，培训方案应具有灵活性和可操作性，以便教师能够更好地将所学知识应用到实际教学中。

培训内容。培训方案应紧密结合教师的教学实践，有针对性地选择与其学科领域和教学需求相关的内容。培训内容可以包括教育技术知识和技能的提升、信息技术与课程整合的策略、教学方法和策略的改进等方面。内容的选择应充分考虑到教师的实际需求和院系特点，具备可操作性和实用性。

教学方法。培训方案应涵盖多种教学方法，以满足不同教师的学习风格和需求。除了传统的讲座形式外，还可以采用案例分析、小组讨论、问题解决、实践操作等互动性较强的教学方法。通过多样化的教学方法，可以激发教师的学习兴趣和参与度，增强培训效果。

培训时间安排。培训方案应合理安排培训时间，以确保教师的参与度和培训效果。培训时间可以分为短期培训和长期培训，根据不同的培训目标和内容进行灵活调整。短期培训可以集中在几天或几周内，提供紧凑的培训内容；长期培训可以持续几个月或一学期以上，逐步深入培养教师的教育技术能力。

（三）提供优质的培训资源和支持

为了支持系本培训的实施，学校需要提供丰富的培训资源和支持。

教材和参考资料。学校可以为教师提供与培训内容相关的教材和参考资料，以便他们深入学习和理解教育技术的知识和技能。这些教材可以包括教学手册、教学指南、教材推荐等，为教师提供系统性的学习资源。

案例和实例。提供丰富的教育技术案例和实例，可以帮助教师将所学知识与实际教学场景相结合，培养解决问题和创新的能力。这些案例可以包括成功的教育技术应用案例、教师教学经验分享等，为教师提供启示和借鉴。

教学视频和在线资源。学校可以提供教学视频和在线学习资源，让教师通过观看教学实例和参与在线学习活动，加深对教育技术的理解和应用。这些资源可以包括教学视频库、在线学习平台、网络课程等，为教师提供灵活的学习方式和学习支持。

技术设备和实践环境。为了让教师能够进行实际操作和练习，学校可以提供必要的技术设备和实践环境。这可以包括计算机、投影设备、实验室、模拟教室等，为教师提供进行实践和实验的场所和设备支持。

专业指导和辅导。学校可以邀请教育技术专家、教育技术中心的培训教师或其他相关领域的专业人士，为教师提供专业的指导和辅导。他们可以提供教育技术知识和技能方面的专业建议，解答教师在培训过程中遇到的问题，促进教师的学习和成长。

在线学习平台和社区。学校可以建立在线学习平台和教师社区，为教师提供交流和学习的平台。教师可以通过在线平台分享经验、讨论问题、互相学习，促进彼此之间的合作和互动。这样的平台和社区可以促进教师的学习动力和合作意愿，打造学习共同体。

提供优质的培训资源和支持是高校教师系本培训的重要保障。学校应该通过多样化的方式提供教材、案例、教学视频、在线学习平台等，为教师提供灵活多样的学习方式和学习支持。同时，借助专业指导和辅导以及在线学习平台和社区，激发教师的学习动力和合作意愿，共同促进教师的专业成长和教育技术能力的提升。

（四）引导合作学习和分享经验

在高校教师系本培训中，引导教师之间进行合作学习和分享经验是一种有效的策略，可以促进教师之间的交流与合作，提升整体的教学水平。

小组讨论与合作。组织教师形成小组，让他们在小组内进行讨论和合作。可以设计一些教育技术案例或问题，让小组成员一起探讨解决方案，并分享各自的观点和经验。小组讨论可以促进教师之间的互动和思想碰撞，激发创新思维、拓宽教学视野。

教学观摩与反馈。安排教师相互观摩课堂教学，并提供反馈和建议。教师可以互相开放自己的课堂，让其他教师参观并提出宝贵的意见和建议。这样的交流和反馈有助于教师发现自己的教学盲点，改进教学策略，并从其他教师的实践中获取灵感和启示。

项目合作与分享。鼓励教师开展教学项目合作，并在项目过程中分享经验和成果。可以设立教学项目，要求教师组队合作完成，并在项目完成后进行成果展示和经验分享。这样的项目合作可以促进教师之间的合作精神和团队意识，共同解决问题，取得更好的教学效果。

学习交流活动。组织学习交流活动，如教学研讨会、教学展示、经验分享会等。教师可以通过演讲、展板、教学展示等形式，分享自己的教学经验、教学创新和教学成果。这样的交流活动提供了一个学习共享的平台，教师可以从其他教师的经验中学习，获得新的教学思路和方法。

建立教师社区与在线平台。创建教师社区和在线平台，为教师提供持续的交流和学习机会。教师可以在社区中提出问题、分享资源和经验，互相学习和帮助。在线平台可以提供教学资源、教学技术文章、讨论论坛等功能，促进教师之间的交流和互动。

通过以上实践方法和措施，可以有效引导教师之间的合作学习和经验分享，提升整体的教学水平。这些活动不仅能够促进教师之间的交流和合作，还能够激发教师的创新思维和教学热情，推动教师在教育技术领域的成长和发展。

在实施这些方法和措施时，学校可以为教师提供相应的支持和资源。例如，提供场地和时间安排，为教师小组讨论和项目合作提供必要的条件；安排观摩课堂的机会，鼓励教师相互学习和提供反馈；建立在线平台和社区，提供教师交流和学习的便利渠道。

同时，学校还可以通过组织专门的培训活动和研讨会，邀请教育技术专家和优秀教师分享经验和教学案例，从而为教师提供更多的学习资源和启发。这样可以促进教师的专业成长和交流，进一步提高教师的教育技术能力和教学水平。

通过引导教师之间的合作学习和分享经验，可以建立一个积极互动的学习环境，促进教师之间的相互学习和借鉴，进一步提升高校教师培训的效果和质量。这不仅有助于满足教师的个体需求，也有助于提升整个高校教师队伍的教育技术水平和教学能力。

（五）定期评估和反馈

系本培训应建立评估和反馈机制，及时了解培训的效果和教师的学习成果。可以通过考试、作业、项目评估等方式对教师的学习成果进行评估，并及时反馈给教师。这样可以帮助教师检验和巩固所学知识，调整学习策略和目标。

学习评估工作。设计适当的学习评估工具，如考试、作业、项目评估等，用于评估教师在培训中所学知识和技能的掌握程度。评估工具应与培训目标和内容相匹配，能够全面、客观地评估教师的学习成果。

反馈和成果展示。及时向教师提供培训成果的反馈和评价。可以通过个别反馈、评语、评估报告等形式，将教师的学习成果和表现进行详细的评价和反馈。同时，可以组织成果展示活动，让教师展示他们在培训中的学习成果。

学习档案和跟踪。建立教师培训的学习档案和跟踪系统，记录教师的学习历程和成果。学习档案可以包括培训记录、学习成绩、参与活动的证明等信息，用于跟踪和评估教师的学习进展和成果。通过学习档案和跟踪系统，可以全面了解教师的学习情况，及时发现问题和进行干预。

教师反馈和意见收集。定期收集教师的反馈和意见，了解他们对培训内容、形式、教学方法等方面的评价和建议。可以通过问卷调查、小组讨论、座谈会等方式进行教师反馈的收集。教师的反馈和意见可以作为改进培训的重要参考，帮助优化培训方案和提升培训效果。

持续改进和调整。根据评估和反馈结果，进行持续改进和调整。将评估和反馈的结果纳入培训的改进循环中，及时调整培训方案和教学策略，以提高培训的质量和效果。

通过定期评估和反馈，可以及时识别教师在培训中的学习成果和进展情况。这有助于教师了解自己的学习状况，发现自身的优势和改进的方向。同时，评估和反馈还可以为教师提供个性化的支持和指导，帮助他们更好地实现学习目标。

系本培训模式在高校教师培训管理的信息化应用中具有重要意义。通过系本培训模式，可以更好地满足教师的学习需求，提供更具体、更有针对性的培训内容，促进教师的教育技术能力的提升。同时，系本培训还能够加强教师之间的交流与合作，共同解决教学实践中的问题，提升整体的教学水平。为了实施系本培训，需要注意确定培训目标和需求、设计细致的培训方案、提供优质的培训资源和支持、引导合作学习和分享经验，以及定期评估和反馈。这些关键方面的重视将有助于确保系本培训的顺利开展和教师培训的有效实施。

三、教师教育信息化能力提升的具体实施

提升高校教师教育信息化能力，其根本就是要通过“两个推动”来完成，既要利用优质网络服务，推动教学信息化应用普及，构建教育管理平台服务体系，又要推动具备信息

素养的教师队伍建设。建设教育管理平台，搭建信息环境，是开展教育信息化的环境基础，是实现教育信息化的前提，其目的是为教学活动、教学管理工作提供网络服务，其广泛应用可推动教学信息化普及，提高教学活动的信息化成分，有助于培养具有较高信息素养的人才，最终目的是促进高校教师教育信息化能力的提升。

（一）优化网络服务，推动教学信息化应用

教师教育信息化能力的提升对于推动教学信息化应用具有重要意义。为了优化网络服务并构建教育管理平台服务体系，以下是详细的实施方法和措施，以提升服务质量和教学水平。

1. 建设网络教学空间

设定目标与流程。明确网络教学空间的定义与内涵，确立其在教学中的目标与流程。包括教师开通实名制网络教学空间、网络教学空间与物理教学空间的融合互动等。

功能与管理。建立完善的网络教学空间功能，包括在线教学、资源共享、教学交流等。同时，建立相应的管理机制，确保网络教学空间的有序运行和管理。

2. 优化教学管理模式

教育管理平台建设。通过教育管理平台，解决教学管理中的难题，确保教研数据的安全性和准确性，提高统计效率。平台应支持数据共享、协同工作、教学资源管理等功能，提供决策支持和数据分析。

教学数据管理。建立规范的教学数据管理系统，确保数据的一致性、及时性和安全性。采用教育信息化应用软件，如教务管理系统、学生信息管理系统等，以提高教学数据管理的效率和质量。

3. 提供优质网络服务

网络基础设施升级。优化学校的网络基础设施，包括网络带宽、无线网络覆盖等，以满足教师的教学和学习需求。确保网络的稳定性、高速性和可靠性。

技术支持和培训。提供专业的技术支持团队，解决教师在使用网络教学空间和教育管理平台时遇到的问题。定期组织培训，提升教师在教育信息化应用方面的能力和技能。

4. 教师参与支持

建立学习社区和资源共享平台。创建教师学习社区和在线平台，为教师提供交流、分享经验和资源的平台。鼓励教师之间互相学习和合作，共同推动教育信息化的发展。

提供个性化支持和指导。根据教师的需求和水平，提供个性化的支持和指导。可以通过定期组织教师培训、研讨会、研修班等形式，针对教育信息化的具体需求和技能提供专业的指导和培训。

提供教师教育信息化案例和最佳实践。整理和分享成功的教育信息化案例和最佳实践，让教师从中学习经验和启示，推动他们在教学实践中应用信息技术和创新教学方法。

鼓励教师参与教育信息化研究和项目。支持教师参与教育信息化研究项目，鼓励他们进行教学实践的创新和探索。提供相应的资源和支持，帮助教师在教育信息化领域有所

突破。

建立教师教育信息化能力认证体系。设立教师教育信息化能力认证机制，鼓励教师参加认证考试或评估，以评估和证明他们在教育信息化方面的专业能力和素养。

定期评估和反馈。通过定期的评估和反馈机制，了解教师的教育信息化能力发展情况。根据评估结果，提供个性化的反馈和支持，帮助教师提升自身的能力。

建立教师教育信息化专家团队。组建由教育信息化专家和技术人员组成的团队，为教师提供专业的指导和支持。这些专家可以提供教育信息化策略、教学设计、技术应用等方面的专业建议，帮助教师在教育信息化方面取得进步。

以上措施的实施需要学校、教育机构和政府的共同努力。通过优化网络服务、提供教师培训和支持、推动教育信息化研究与实践，教师的教育信息化能力将得到提升，从而推动教学信息化的广泛应用和提高教育教学质量。

（二）以教育管理平台服务体系，推动具备信息素养的教师队伍建设

国家提出教育信息化的发展目标，就是要培养具备信息素养的人才，教育管理平台的建设对教师在从事教学活动时信息素养的提高具有一定的意义，其目的是培养教师使用现代信息技术解决教学问题的能力。依托教育管理平台服务体系，可以使教师形成信息意识、掌握信息知识、提高信息能力、具备信息道德，为高校教师教育信息化能力培养提供参考。

建设完善的教育管理平台。构建一个综合的教育管理平台，集成各类教育信息化资源和工具，包括教学资源库、教育大数据分析平台、在线培训平台等。该平台应具备良好的用户界面和操作性，方便教师快速获取所需信息和进行操作。

提供信息技术培训和支持。为教师提供针对信息技术的培训和支持，帮助他们熟练掌握教育管理平台的使用方法和教育信息化工具的应用技巧。培训内容可以包括基础的信息技术知识、教学设计与评估、教育数据分析等方面，以提高教师在信息技术领域的专业素养和能力。

强化信息素养培养。通过教师培训和教育管理平台的应用，强化教师的信息素养培养。培养教师对信息的敏感性，使其能够积极主动获取和利用教育信息资源，提高信息处理能力和创新思维，养成正确的信息获取、处理和传递的道德行为。

鼓励教师参与教育信息化研究与实践。鼓励教师积极参与教育信息化研究项目和实践活动，提供相应的资源和支持。支持教师开展教育技术创新实践，探索教育信息化应用的最佳实践，促进教育信息化与教学实践的深度融合。

建立信息共享和协作机制。建立教师间的信息共享和协作机制，促进教师之间的交流、合作和共同成长。通过教育管理平台提供教师社区、在线讨论和资源共享平台等功能，鼓励教师相互学习、分享经验和资源，形成良好的学习和合作氛围。

建立教育管理平台的绩效评估机制。定期对平台的功能和服务进行评估，收集用户反馈和意见，根据评估结果进行改进和优化，提高平台的用户体验和功能适应性。

推广优秀教育信息化案例。通过教育管理平台和其他渠道，积极推广和分享优秀的教育信息化案例。这些案例可以是教师在教学中成功应用教育信息化技术的实践经验，也可以是教育管理平台服务体系在学校中取得的显著成效。通过分享这些案例，鼓励教师学习借鉴，激发更多教师参与教育信息化的积极性和创造力。

持续跟踪和支持。建立持续跟踪和支持机制，定期关注教师队伍在教育信息化能力提升方面的发展情况。通过定期调研、问卷调查、个别辅导等方式，了解教师的需求和问题，提供具有针对性的支持和指导，帮助教师克服困难，提高信息技术应用水平。

加强合作与交流。鼓励教师与其他学校和教育机构展开合作与交流，共同推进教育信息化的发展。可以通过组织教师交流会议、研讨会、在线研讨等形式，促进教师之间的互动与合作，分享教育信息化的最新发展成果和经验。

建设具备信息素养的教师队伍是教育信息化发展的关键，教育管理平台服务体系在其中起到了重要的推动作用。通过上述实施措施的落实，可以提高教师队伍的信息素养和教育信息化能力，为学校的教学信息化应用和发展提供坚实的支撑。

参考文献

[1] 张军翔，刘兴红，陈米雪，等.智能LMS学习管理系统中正式学习与非正式学习之间的数据兼容性研究[J].湖北师范大学学报（自然科学版），2019，39（2）:7-11.

[2] 孙心驰.自适应学习系统在职业院校智慧会计教学模式中的应用——基于信息化教学管理视角[J].财会学习，2019（2）：149.

[3] 龙玲，菅保霞.国内典型在线教育平台学习支持服务现状分析[J].中国教育信息化，2018，423：5-9.

[4] 董引娣，何静，赵晓祎.大数据视野下在线学习现状问卷调查研究[J].科技资讯，2018，16（26）：194，196.

[5] 柴艳妹，雷陈芳.基于数据挖掘技术的在线学习行为研究综述[J].计算机应用研究，2018，35（5）：1287-1293.

[6] 严玲艳，徐丽芳.我国大学出版社在线教育出版和服务研究——基于对12个在线教育平台的调查分析[J].科技与出版，2018（4）：101-105.

[7] 牛玥.我国在线教育平台发展模式及其问题对策探析——以网易公开课为例[J].新媒体研究，2018，4（10）：74-76.

[8] 翟铮.对智能化管理会计系统的构建分析[J].科技经济市场，2019（8）：32-33.

[9] 李欢.基于JavaWeb的信号处理课程群管理系统研究与开发[D].西安：西安工程大学，2019.

[10] 郑昱.基于北汽培训教育体系的信息化学习平台构建研究[D].北京：北京工业大学，2016.

[11] 王玲琳.教育信息化背景下高校师生信息化素养提升研究[J].黑龙江科学，2021，12（19）：4-6.

[12] 关颖，衣云龙.以高校信息化建设提升人才信息素养的途径探索[J].沈阳工程学院学报（社会科学版），2020，16（2）：104-108.

[13] 范成博.教育管理信息化推动高校治理的制度保障[J].长春师范大学学报，2019，38（7）：155-157.

[14] 岳丽娜，聂怀勇.教育信息化2.0视域下高校教师信息化教学能力现状调查与分析[J].华北理工大学学报（社会科学版），2021，21（4）：108-114.

[15] 赵尚杰.从对立走向对话：我国高校和谐师生关系构建[J].哈尔滨学院学报，2022（3）：127-130.

[16] 杨悦心.大学生挫折心理及其思想政治教育途径研究[J].赤峰学院学报（汉文哲学社会科学版），2016（11）：224-226.
[17] 叶健健.当代大学生人际交往方式及引导研究[D].长春：东北师范大学，2015.
[18] 孔德生，臧凯.论网络时代大学生婚恋教育的困境与出路[J].思想政治教育研究，2021（2）：145-149.
[19] 孙琳. 新时代职业教育师资队伍建设改革定位及发展趋势[J]. 中国职业技术教育，2020（10）：35-40.
[20] 孙琳. 职业教育师资队伍建设改革的成就、问题与发展趋势[J]. 职教论坛，2020，36（5）：87-96.
[21] 李新辉，熊好琴，许俊萍. “双一流”建设背景下地方高校师资队伍建设途径[J].西部素质教育，2019，5（11）：111-112，123.
[22] 何奕璋.高职院校兼职教师教育管理效能提升机制研究[J].高教学刊，2020，8（15）：119-122.
[23] 戴春霞.以励进管理文化促进教师持续成长[J].江苏教育研究，2020，37（Z4）：53-56.
[24] 赵业丽，李永山.民办高校教学管理的现实困境及路径选择[J].唐山师范学院学报，2019，41（2）：145-147.
[25] 孙海英.新形势下高校青年教师立德树人观念的提升策略[J].思想理论教育导刊，2017（11）：155-159.
[26] 焦茂红.新课程理念下卓越教师培养途径研究[J].教育现代化，2020（34）：91-94，132.
[27] 唐志凤.立德树人：新时代高校师德师风建设的基本站位[J].高教学刊，2019（21）：163-165.
[28] 马瑞阳.立德树人背景下高校教师职业道德修养的提升路径分析[J].艺术科技，2019（12）：189，203.
[29] 姜蔺，韩锡斌，程建钢. 工作环境对高校教师混合教学培训迁移动机的影响[J].现代远程教育研究，2018（4）：78-88.
[30] 马莉. 教育新常态下高校教师培训：价值意义、实践困境与实现径路[J]. 黑龙江高教，2019，37（10）：98-101.
[31] 石中英.教师职业倦怠的一种哲学解释[J].中国教育学刊，2020（1）：95-98.
[32] 陈敏灵，王孝孝.职业倦怠：内涵、测量与形成机理[J].外国经济与管理，2019，（8）：86-99.
[33] 焦师文.坚持发展性评价方向，推进教师考核评价改革[J].中国高等教育，2014，（10）：30-32.
[34] 操太圣.“五唯”问题：高校教师评价的后果、根源及解困路向[J].大学教育科学，

2019（1）：27-32.
[35] 赵金国，朱晓红.大学教师分类评价的反思与建构[J].中国高校科技，2019（6）：55-58.
[36] 梁青青.知识型员工离职倾向因素的实证研究——基于职业发展阶段和工作倦怠的角度[J].技术经济与管理研究，2018（1）：58-62.
[37] 张玉婷，李勇，张戟晖.工作倦怠如何影响离职倾向：基于青年志愿者组织的实证分析[J].青年探索，2017（3）：38-45.
[38] 李俊龙，许沛尧，郜佳，等.医院职能管理人员职业倦怠与职业认同、工作满意度的关系[J].中国医药导报，2017，14（29）：53-56.
[39] 李雪.核心自我评价对个体职业倦怠感的影响：组织承诺和工作满意度的中介作用[J].中国健康心理学杂志，2017，25（3）：351-354.
[40] 肖林生.独立学院教师工作载荷与离职倾向：工作满意度的中介作用[J].高教探索，2017（7）：80-89.
[41] 李宪印，杨博旭，姜丽萍，等.职业生涯早期员工的工作满意度、组织承诺与离职倾向关系研究[J].中国软科学，2018（1）：163-170.
[42] 熊洋，周永红，李海龙，等.高校教师心理需求与离职行为：工作满意度的中介作用[J].中国临床心理学杂志，2015，23（2）：362-364.
[43] 唐雪华，高月霞，马强.医务人员职业倦怠与工作满意度及离职意愿的关系[J].国外医学卫生经济分册，2017，34（4）：174-178.
[44] 康萌萌，杨鑫，王明辉.指导关系对医护人员工作满意度的影响：被指导者主动性人格的调节作用[J].保定学院学报，2018，31（5）：99-105.
[45] 江红艳，杨军，孙配贞，等.工作资源对员工离职意向的影响——工作—家庭冲突的中介作用与主动性人格的调节作用[J].软科学，2018，32（10）：67-70.
[46] 韦小龙.企业员工挑战性-阻碍性压力与离职倾向的关系[D].扬州：扬州大学，2019.
[47] 武成莉，姚茹.高校专职心理咨询教师工作满意感对职业倦怠的影响——心理资本的调节作用[J].中国特殊教育，2018（9）：91-96.
[48] 张凯丽，唐宁玉，尹奎.离职倾向与行为表现的关系：自我效能感和主动性人格的调节作用[J].管理科学，2018，31（6）：117-127.
[49] 张丽.高校教师工作满意度影响因素研究[J].山西大同大学学报（自然版），2018（3）：71-74.